도승하
감정평가 및 보상법규

도승하 편저

2차 | **서브노트 및 개념노트** 제1판

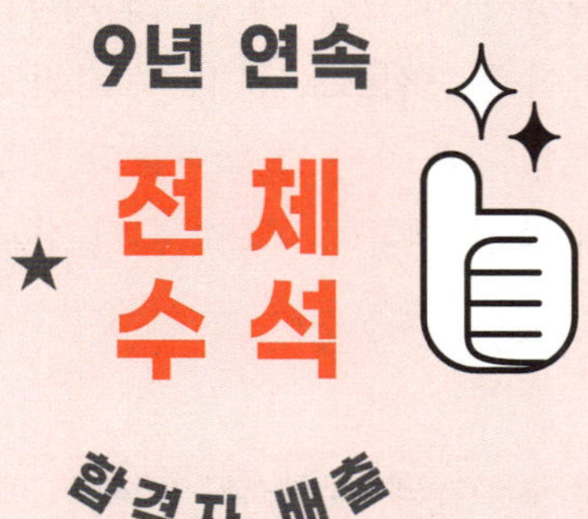

박문각 감정평가사

서브노트 및 개념노트는 필수적으로 암기해야 하는 A~B급 주제 위주로 약 80일의 일정으로 기준하여 1회독 할 수 있게 만들어졌습니다.

PART 01 행정법 서브노트

PART 02 개별법 서브노트

PART 03 도정법 서브노트

행정법 - 개별법 - 도정법 순서대로 암기해야 하는 중요 주제들이 순서대로 정리되어 있기에 순서대로 정리하고 암기하면 될 것입니다.
부록으로 행정법과 개별법 개념이 정리되어 있기에 각 일차에 해당되는 개념을 개념노트에서 찾아서 암기하면서 정리하면 됩니다.
서브노트의 주제로 개별스터디를 구성하여 매일 매일 각 일차에 따라 암기 스터디를 진행하는 것도 좋습니다.
서브노트의 쟁점을 모두 정리하고 암기한 후에, 쟁점노트를 확인하면서 서브노트에 수록되지 않은 쟁점을 확인하고 정리하면 법규가 완성될 것입니다.
서브노트는 기본목차와 핵심 키워드 위주로 짧게 구성되어 있기에 이를 중심으로 목차 및 키워드 암기에 집중할 수 있습니다.
또한, 각 일차 주제에 대해서 이해해야 하는 내용을 짧게 설명하고 있기에 이를 잘 읽어보고 공부방향을 확인하고 정리 및 암기하면 효율적이 될 것입니다.
어느 정도 실력이 쌓여야 이러한 이해해야 하는 내용이 이해되기에 해당 부분이 이해되는지 여부로 나의 실력을 가늠해 볼 수 있습니다.

교재 예시 : 이해해야 하는 내용(주력 흐름)

> 하자승계의 경우 선행처분의 위법을 후행처분의 위법사유로 주장할 수 있는지의 견해대립과 판례유형을 풍부하게 정리하는 것이 필요하다.
> 부관은 부관의 종류와 각 종류에 대해서 주된 행정행위와 분리하여 독립된 소의 대상이 인정되는지 및 독립하여 취소할 수 있는지를 정리한다.

카페 "https://cafe.naver.com/tbrap"에서 다양한 자료와 정보를 얻을 수 있으며,
서브노트에 대한 주요 논재 설명 영상을 확인하면 좋습니다.

오픈단톡방 "https://open.kakao.com/o/gkPP4Gqh" 비번(0703)

CONTENTS 차례

CONTENTS 차례

PART 03 **도시 및 주거환경정비법 서브노트**

01 도시 및 주거환경정비법 필수암기 개념   86

부록

01 행정법 개념 암기표 및 개념노트   90

02 개별법 개념 암기표 및 개념노트   96

문제풀이 쟁점찾기 도해연습도

쟁점 : 법치주의의 핵심은 구제이므로 구제절차에서 쟁점을 찾아야 함.

1. 종류찾기 (처분성 / 위법성 정도)

취소소송
무효등확인소송
부작위위법확인소송
실질적 당사자소송
형식적 당사자소송
기관소송
민중소송

① 처분성 판단
② 거부 / 부작위 판단
③ 취소 / 무효 판단

+ 구체적 규범통제
+ 권리구제형 헌법소원

2. 소송요건

1. 대상적격
- 행정행위
  - 적극적-하명(업무정지, 과징금 등)
  - 소극적-거부 / 부작위
- 행정입법
- 행정계획
- 행정조사
- 행정지도
- 재결
  - 각하 / 기각 / 사정
  - 인용
    - 전부인용
    - 일부인용

2. 원고적격
- 직접상대방
- 제3자
  - 경업자
  - 경원자
  - 이웃주민
  - 기타(공시제도, 사업인정 등)

3. 피고적격
- 권한의 위임
- 내부위임
- 위탁
- 대리
- 경정

4. 협의소익
- 처분효력소멸(가중처벌)
- 부수적 이익(봉급 / 연금청구권 등)
- 이론적 의미(2차 합격 등)
- 확인의 이익(무효확인소송)
- 기본행위(인가)

5. 제소기간
- 심판 거친 경우
- 심판 거치지 않은 경우
- 개별처분(변경처분)
- 일반처분

6. 관할
- 부동산 / 피고 소재지

가구제 : 본안판결을 기다릴 시간적 여유가 없는 경우
- 집행정지
  - 신청요건 : 정지대상(행정계획 / 거부)
  - 본안요건 : 회복되기 어려운 손해
- 가처분

3. 본안요건

1. 위법성판단
- 주체 : 협의 / 동의 성질
- 형식 : 서면원칙
- 절차(+ 하자치유)
  - 개별법상 절차규정
  - 행정절차법 규정
    - 사전통지(생략사유, 거부)
    - 의견청취(청문, 공청회, 의견제출)
    - 이유제시
- 내용
  + 처분사유 추가변경
  - 기속행위 : 법 요건 위반 및 비례원칙 위반여부
  - 재량행위 : 재량권 행사의 일탈 · 남용(법령위반, 일반 원칙위반, 사실오인)

2. 하자승계
- 표준지공시지가 / 개별공시지가 / 과세처분 / 재결 / 대집행 등

3. 행정입법
- 법규성 인정여부
  - 법규명령 + 포괄위임금지의 원칙
  - 행정규칙
  - 법규명령형식의 행정규칙
  - 법령보충적 행정규칙
- 구체적 규범통제

4. 행정계획
- 계획재량
- 형량명령이론

5. 판단여지
- 법의 일반원칙 위반여부

6. 주장 / 입증책임

7. 직권심리

8. 소의 이송

9. 소의 병합(선택 / 예비)

10. 소의 변경(부작위 → 거부)

기타
위법한 행정조사에 기초한 행정행위의 효력
위헌 법률에 근거한 처분의 집행력

4. 판결 및 판결의 효력

1. 인용
- 기속력
  - 반복금지효(기본적 사실관계 동일성)
  - 재처분의무
    - 내용하자
    - 절차하자
  - 법령개정
    - 판결 전
    - 판결 후 (상당기간경과 전후)
  - 원상회복의무
- 기판력 : 국가배상청구소송에 대한 구속력
- 형성력
  - 일부취소(변경)
  - 절대적 대세효
  - 제3자보호
    - 소송참가
    - 재심청구

2. 각하 기판력 / 형성력

3. 기각 기판력 / 형성력

4. 사정 기판력 / 형성력
직권심리
무효인 경우 적용여부
사정판결필요성 판단시점

기타
선결문제
부당이득반환청구 방법
행정의 실효성확보수단(대집행)
국가배상청구소송
- 과실책임요건
- 선택적 청구

00일차 행정법의 기본구조 이해

기초		이해 : 국민의 권리침해를 발생시키는 작용에 대해 검토하고 이에 대한 적절한 구제수단을 찾는 것이 기본 구조
개념암기		국민의 권익에 직접적인 영향을 주는 행위만이 항고쟁송의 대상이 되므로 다양한 행정작용 및 소송의 기본구조를 암기해야 함. 행정행위와 처분의 개념 및 행정쟁송, 행정소송, 항고소송의 개념을 구분할 수 있어야 함.
행정작용법	행정행위	**행정조직(法)** / **행정작용(法)** / **행정구제(法)**
행정구제법	제3자효 행정행위	
공익	적극적 행정행위	
법률관계	소극적 행정행위	
권력관계	개별처분	
개인적 공권	일반처분	
반사적 이익	하명	
행정구제	허가	
행정쟁송	면제	
행정심판	특허	
행정소송	인가	
주관적 쟁송	대리	
객관적 쟁송	확인	
행정소송	공증	
항고소송	통지	
취소소송	수리	
무효등확인소송	신고	
부작위위법확인소송	자기완결적 신고	
부작위	수리를 요하는 신고	
의무이행소송	정보제공적 신고	
예방적 부작위청구소송	금지해제적 신고	
당사자소송	기속행위	
형식적 당사자소송	재량행위	
실질적 당사자소송	재량권의 한계	
결과제거청구권	재량권의 일탈	
행정상 손해배상	재량권의 남용	

행정조직(法)

행정주체 : 권리의무의 귀속주체

국가
지방자치단체 → 행정청 → 집행
공공단체   (각 기관 장)
공무수탁사인

피고적격

행정작용(法)

일반작용(행정행위 일반이론 정립)

행정행위
(하허면 / 특인대 / 공통수확)
: 처분성이 당연 인정되는 행위

관리관계(계약)

행정입법
행정계획   처분성 검토 필요.
행정지도   처분성이 인정되면
행정조사   항고쟁송의 대상이 됨.

개별작용(개별법상 구체적인 행위)
├ 건축법 : 건축허가, 건축신고 등
├ 도로법 : 도로구역결정고시 등
├ 보상법 : 사업인정, 수용재결 등
└ 국계법 : 용도지역지정 등

행정구제(法)

행정구제 : 구제수단의 이해

1. 항고쟁송   **행정심판**
(권리구제)   ├ 취소심판
             ├ 무효등확인심판
             └ 의무이행심판

          항고소송
             ├ 취소소송
             ├ 무효등확인소송
             └ 부작위위법확인소송

2. 당사자소송 ┬ 확인소송
                 └ 이행소송

3. 기관소송 및 민중소송

4. 무명항고소송 ┬ 의무이행소송
                   └ 예방적 금지소송

01일차 | 법의 일반원칙 이해

이해 : 위법성 판단 − 개별규정 위반 X − 법의 일반원칙 판단	
개념암기	처분의 하자유형 중 법의 일반원칙은 헌법에 근거하는 원칙으로서 행정기본법에서 구체화하고 있다. 각 원칙의 요건과 한계를 명확히 하고, 해당 원칙이 적용될 수 있는 사례를 선별하기 위해서 명확한 개념암기가 요구된다.

법의 일반원칙	**행정행위의 성립요건 등**	

법의 일반원칙

평등의 원칙

자기구속의 원칙

비례의 원칙

적합성

필요성

상당성

신뢰보호의 원칙

실권의 법리

적법절차의 원칙

권리남용금지원칙

원인적 관련성

목적적 관련성

1. 행정행위의 개념
행정청이 행하는 구체적인 사실에 대한 법집행으로서의 권력적 단독행위를 말한다. 행정행위는 행정기관의 행위로서 내부적 의사결정이 있어야 하고 외부에 표시되어야 한다.

2. 행정행위의 성립요건
① 행정청의 행위
② 구체적 사실에 대한 법집행으로서의 권력적 단독행위(법률관계 변동)

3. 기속행위와 재량행위
(1) 기속행위
법률의 요건이 충족되는 경우에는 법률규정에 따른 행위를 반드시 해야 하는 행위를 말한다. 행정청의 재량의 여지가 인정되지 않는 행위를 기속행위라고 한다.
(2) 재량행위
1) 의의
재량행위는 법률의 요건이 충족되는 경우에 행정청에게 특정효과의 선택 및 결정권이 인정되는 것을 말한다. 재량권의 행사에 의해 행해지는 행정행위를 재량행위라고 한다.

2) 재량하자(재량권의 한계)
① 행정청은 재량이 있는 처분을 할 때에는 관련 이익을 정당하게 형량하여야 하며, 그 재량권의 범위를 넘어서는 아니 된다. 재량하자에는 재량권의 일탈, 남용, 불행사가 있다.
② 재량권 행사는 일탈·남용이 있는 경우에만 사법심사의 대상이 된다.
③ 재량을 행사할 때 판단의 기초가 된 사실인정에 중대한 오류가 있는 경우 또는 비례·평등의 원칙을 위반하거나 사회통념상 현저하게 타당성을 잃는 등의 사유가 있다면 이는 재량권의 일탈·남용으로서 위법하다.

3) 법령상 요건 외의 사유로 거부
판례는 "주택건설사업계획의 승인은 행정청의 재량행위에 속하므로 공익상 필요가 있으면 처분권자는 그 승인신청에 대하여 불허가 결정을 할 수 있으며, 여기에서 말하는 '공익상 필요'에는 자연환경보전의 필요도 포함된다"고 하여 재량행위인 경우에는 공익을 이유로 거부할 수 있다고 판시하고 있다.

(3) 재량행위와 기속행위의 구별
일차적으로 법규정의 표현에 따라 구분하고 표현이 불분명한 경우에는 입법취지, 입법목적 및 행위의 성질 등을 종합적으로 고려하여 판단하여야 한다.
(4) 기속재량행위
기속재량행위란 원칙상 기속행위이지만 예외적으로 중대한 공익을 이유로 인허가 또는 신고수리를 거부할 수 있는 행위를 말한다(교육환경을 이유로 건축허가를 거부하는 경우).

4. 행정행위의 하자
(1) 주체상 하자(무권한)
(2) 절차(행정절차법 및 개별법 절차 준수)
(3) 형식(문서원칙)
(4) 내용(법률유보 및 법률우위의 원칙)

이해 : 위법성 판단 − 개별규정 위반 X − 법의 일반원칙 판단		
개념암기	처분의 하자유형 중 법의 일반원칙은 헌법에 근거하는 원칙으로서 행정기본법에서 구체화하고 있다. 각 원칙의 요건과 한계를 명확히 하고, 해당 원칙이 적용될 수 있는 사례를 선별하기 위해서 명확한 개념암기가 요구된다.	
법의 일반원칙	**평등의 원칙 및 자기구속의 원칙**	**소급적용 및 소급입법금지의 원칙**	**부당결부금지원칙 및 권한남용금지**

법의 일반원칙	**평등의 원칙 및 자기구속의 원칙**	**소급적용 및 소급입법금지의 원칙**	**부당결부금지원칙 및 권한남용금지**
평등의 원칙	1. 평등의 원칙	1. 소급적용금지의 원칙(행정기본법 제14조)	1. 부당결부금지의 원칙
자기구속의 원칙	(1) 의의(헌법 제11조 및 행정기본법 제9조)	① 새로운 법령은 과거의 완성된 사실 또는 법률관계에 적용되지 아니한다는 원칙	(1) 의의 및 효력(행정기본법 제13조)
비례의 원칙	(2) 효력	② 법령의 효력발생일 이전에 종결되지 않은 사안에는 효력이 미친다(부진정소급적용).	(2) 내용(요건) 및 적용례
적합성	이에 반하는 행정권 행사는 위법		실질적 관련성(원인적 관련성 및 목적적 관련성)
필요성	(3) 요건 및 한계		
상당성	과도한 차별취급 X	2. 소급입법금지의	2. 권한남용금지의 원칙
신뢰보호의 원칙	불법 앞의 평등 요구 X	원칙	(1) 의의 및 근거(행정기본법 제11조 제2항)
실권의 법리		이미 종결된 사안에 대한 입법은 금지된다는 원칙. 단, 예외적으로 소급입법을 예상할 수 있거나 보호이익이 적은 경우에는 소급입법이 인정될 수 있다(친일반민족행위자 재산의 국가귀속에 관한 특별법 등).	(2) 적용범위 및 위반시 효과
적법절차의 원칙	2. 자기구속의 원칙		
권리남용금지원칙	(1) 의의		
원인적 관련성	행정청은 동일 사안에 대해서는 특별한 사정이 없는한 동일한 결정을 하여야 한다는 원칙이다.		
목적적 관련성	(2) 요건		
	① 동종사안 동일행정청		
	② 행정관행이 있을 것(행정관행 필요여부 논의)		
	선례불요설 : 예기관행 인정		
	선례필요설 : 되풀이된 선례 필요(판례)		
	(3) 한계(위법한 관행에의 구속 X)		

02일차 | 법의 일반원칙 이해

이해 : 위법성 판단 – 개별규정 위반 X – 법의 일반원칙 판단

개념암기	처분의 하자유형 중 법의 일반원칙은 헌법에 근거하는 원칙으로서 행정기본법에서 구체화하고 있다. 각 원칙의 요건과 한계를 명확히 하고, 해당 원칙이 적용될 수 있는 사례를 선별하기 위해서 명확한 개념암기가 요구된다.

법의 일반원칙	신뢰보호원칙	실권의 법리	비례의 원칙
평등의 원칙	1. 의의(행정기본법 제12조)	1. 의의 및 효력(행정기본법 제12조 제2항)	1. 의의 및 효력(헌법 제37조 제2항 및 행정기본법 제10조)
자기구속의 원칙	2. 근거(행정기본법 제12조)	2. 요건	2. 내용(행정기본법 제10조)
비례의 원칙	3. 요건	① 권리행사가 가능하였을 것	(1) 적합성의 원칙
적합성	① 선행조치[공적 견해표명(형식적인 권한 X)]	② 장기간 권한의 불행사가 있을 것	(2) 필요성의 원칙(최소침해의 원칙)
필요성	② 귀책사유 없는 사인의 신뢰	③ 권한불행사에 대한 신뢰형성	(3) 협의의 비례원칙(상당성의 원칙)
상당성	③ 신뢰에 기초한 행위	④ 공익 또는 제3자의 이익을 현저히 해할 우려가 없을 것	(4) 3원칙의 상호관계(단계적 심사)
신뢰보호의 원칙	④ 선행조치에 반하는 후행처분		
실권의 법리	4. 한계		
적법절차의 원칙	법률적합성 vs 법적 안정성		
권리남용금지원칙	관련된 공익과 사익의 형량비교		
원인적 관련성			
목적적 관련성			

Tip

한계로서 공사익 형량은 비례원칙의 내용과 동일하나, 한계로서 공사익 충돌과 비례원칙은 각각의 법리로서 각 검토가 가능하다(양립가능).
그러나, 대체로 사실관계가 신뢰보호에 집중되어 있으면 별도의 비례원칙 판단 없이 신뢰보호원칙만으로 해결하는 것이 일반적이다.

성실의무의 원칙 ✎

1. 의의 및 근거
   성실의무의 원칙이란 행정청은 법령등에 따른 의무를 성실히 수행하여야 한다는 것으로서 행정기본법 제11조 제1항에 근거한다.
2. 적용범위 및 위반시 효과
   성실의무의 원칙은 모든 행정분야에 적용되며 이에 반하는 행정작용은 무효 또는 취소할 수 있는 행위가 된다.

부당결부금지원칙과 비례의 원칙 ✎

부당결부금지원칙은 목적과 수단의 관련성을 판단하는 것으로서, 이는 비례원칙 중 적합성의 원칙과 그 내용이 동일하다. 따라서 부당결부금지원칙을 비례원칙 중 적합성의 원칙이 부관분야 등 특정 분야에 특화된 법원칙으로 보기도 한다. 이러한 경우 부당결부금지원칙을 우선 검토하고 부당결부금지원칙에 반하지 않는다면 비례원칙을 추가검토해야 하나 비례원칙 중 적합성의 원칙은 충족된 것으로 보고 필요성과 상당성의 원칙을 검토하면 된다.

03일차　선결문제 및 사인의 공법행위로서의 신고

이해 : 공정력 및 신고의 문제제기 취지를 명확히 숙지할 것

개념암기	
	1. 공정력(구성요건적 효력)으로 인해서 행정사건에 대한 판단을 민사 또는 형사법원이 할 수 있는지의 문제(법원조직법상 관할권) 2. 신고에 대한 수리행위가 국민의 권리와 의무에 영향을 미치는 행위(처분)로서 권리구제의 대상이 되는지의 문제

개념암기

- 자기완결적 신고
- 행위요건적 신고
- 선결문제
- 공정력
- 구성요건적 효력

신고

1. 의의 및 종류(일정 사실을 알리는 행위)
   ① 자기완결적 신고(수리를 요하지 않는 신고)
   ② 행위요건적 신고(수리를 요하는 신고)
   + (정보제공적 신고와 금지해제적 신고)

2. 법적 성질 및 구별실익
   (1) 자기완결적 신고에서의 수리(사실행위)
      수리(거부)는 행정행위(처분) X
      단, 법적 불안 해소를 위한 경우 예외적으로
      처분성 인정
   (2) 행위요건적 신고에서의 수리(행정행위)
      수리(거부)는 행정행위(처분) ○

3. 법적 효과 발생
   ① 자기완결적 신고(신고서 도달 시 효력발생)
   ② 행위요건적 신고(수리 시 효력발생)

4. 구별기준
   (1) 행정기본법 제34조(법령상 수리의무 명시)
   (2) 규정상 불명확한 경우
      1) 학설
         ① 형식적 요건 및 실질적 요건 유무로 판단
         ② 법령의 목적과 내용을 종합고려하여 판단
      2) 판례(실질요건 요구 시 행위요건적 신고)
      3) 검토(입법규정 표현 – 불분명 시 종합판단)

선결문제

1. 문제점(논의의 전제)
   행정소송법 제11조 해석,
   위법 확인 및 효력부인 가능 여부

2. 선결문제의 의의

3. 공정력과 구성요건적 효력
   ① 공정력 : 당연무효 아닌 한 취소 전까지 유효
   ② 구성요건적 효력 : 취소 전까지 국가기관 구속
   ③ 공정력은 행정행위의 상대방에 대한 구속력.
      제3자에 대한 구속력은 구성요건적 효력

4. 민사사건과 선결문제
   (1) 행정행위의 효력 유무가 쟁점인 경우
         ① 무효 : 효력부인 ○
         ② 취소 : 효력부인 X
   (2) 행정행위의 위법 여부가 쟁점인 경우
      1) 학설
         ① 부정설(제한적 규정, 적법성 추정력)
         ② 긍정설(예시적 규정, 유효성 통용력)
      2) 판례(긍정)
         계고처분이 위법임을 이유로 손해배상을 청구한
         사안에서 행정처분의 취소판결이 있어야만 손해
         배상을 청구할 수 있는 것은 아니다.
      3) 검토(긍정)

5. 형사사건과 선결문제
   (1) 행정행위의 효력 유무가 쟁점인 경우
      가. 무효사유인 경우는 효력부인 가능
      나. 취소사유인 경우는 견해대립 있음.
         1) 학설
            ① 부정설(효력부인 X)
            ② 긍정설(인권보장)
         2) 판례(부정)
            미성년자라서 결격자인 피고인의 운전면허
            는 당연무효가 아니고, 취소가 되지 않는 한
            유효 하므로 무면허운전에 해당하지 않는다.
         3) 검토(긍정)
   (2) 행정행위의 위법 여부가 쟁점인 경우
      민사소송과 동일

범위	구분		예시	검토
민사	위법 여부		국가배상청구	심리가능
	효력 유무	취소	부당이득반환 청구 및 소유 권이전등기 (말소)청구	심리불가
		무효		심리가능
형사	위법 여부		유죄 및 무죄	심리가능
	효력 유무	취소		심리가부 견해대립
		무효		심리가능

04일차 | 대외적 구속력과 위법성 판단기준, 대외적 구속력과 처분성 개념 구분

이해 : 대외적 구속력은 국민을 구속하는 기분, 처분성은 개별·구체적으로 국민의 권익에 직접적으로 영향을 미치는 것

개념암기	행정입법은 일반적·추상적 규범(기준)임. 국민을 구속하는 대외적 구속력이 인정되는지를 중심으로 이해. 대외적 구속력이 인정되면 그대로 집행해야 하므로 기준대로 행하지 않은 경우 위법하게 됨. 대외적 구속력이 인정되지 않으면 처분의 주체, 절차, 형식, 내용상 하자를 검토해야 함. 기속행위는 법 요건규정대로 처분을 했는지, 재량행위는 일탈남용이 없는지를 검토해야 함. 대외적 구속력이 인정된다고 처분성이 인정되는 것이 아님에 유의!!

행정상 입법	법규명령	구체적 규범통제	행정규칙

법규명령	1. 의의 및 근거(헌법 제75조, 제95조)
	
	2. 종류
	  ① 대통령령, 총리령 및 부령
	  ② 위임명령 및 집행명령
	
	3. 법규명령의 효력
	  대외적 구속력 인정
	
	4. 법규명령의 통제
	  ① 직접적 통제
	    일반적 법규명령 : 항고소송 X
	    처분적 법규명령 : 항고소송 O
	  ② 간접적 통제(구체적 규범통제)
	  ③ 권리구제형 헌법소원
		1. 의의(헌법 제107조 제2항) 및 대상
		  명령, 규칙
		
		2. 구체적 규범통제의 주체(법원)
		  최종심사권은 대법원
		
		3. 법규명령의 한계
		  (1) 위임명령
		    ① 수권의 한계(포괄위임의 금지)
		    ② 제정상 한계
		  (2) 집행명령
		    새로운 사항 규정 X
		
		4. 구체적 규범통제의 효력
		  (1) 학설
		    ① 개별적 효력설(해당 사건에 적용 X)
		    ② 일반적 효력설(일반적으로 무효)
		  (2) 판례
		    헌법에 반하는 경우는 무효
		  (3) 검토(개별적 효력설)
			1. 의의 및 종류
			  추상적 규범으로서 대외적 구속력 X
			  고시, 훈령, 지침 등
			
			2. 행정규칙의 근거 및 한계
			  ① 법령수권을 요하지 않음.
			  ② 법령 및 상위규칙에 반하면 안 됨.
			
			3. 법적 성질(법규성 인정여부 논의)
			  (1) 학설
			    ① 비법규설(법규성 부정)
			    ② 법규설[행정의 시원적인 입법권 인정(긍정설)]
			    ③ 준법규설(평등의 원칙 및 자기구속의 법리)
			  (2) 판례(일반적으로 법규성 부정)
			  (3) 검토(비법규설)
			
			5. 행정규칙의 효력(대내적 구속력)
			
			6. 행정규칙의 사법적 통제
			  ① 대법원은 처분성 부정(대판 2008두21669)
			  ② 헌법재판소는 행정규칙이 기본권을 침해하고 다른 구제방법이 없는 경우에는 헌법소원 대상 인정(헌재 2012헌마767)

위임명령			
집행명령			
행정규칙			
법규명령형식의 행정규칙			
법령보충적 행정규칙			
사법적 통제			
추상적 규범통제			
구체적 규범통제			
직접적 통제			
간접적 통제			
권리구제형 헌법소원			

Tip

대외적 구속력이 인정되는 경우에는 법규정대로 집행했는지 그 자체가 위법성 판단의 기준이 된다.

처분성과 법규성의 구별 ✎

법규성은 처분의 기준으로서 대외적 구속력을 발생시키는지의 문제이고, 처분성은 직접적으로 국민의 법률관계에 영향을 발생시키는지의 문제이다.

Tip

위법한 법규명령에 따른 처분의 효력

하자 있는 법규명령에 따른 행정행위는 내용상 중대한 하자가 되나 법원에 의해 위법성이 판단되기 전에는 명백하지 않기에 통상 취소할 수 있는 행위로 본다.

Tip

대외적 구속력이 인정되지 않기에 위법성 판단은 행정규칙 내용대로 집행했는지를 기준하는 것이 아니라 법령의 규정 내용은 준수하였는지로 판단한다.

05일차 · 대외적 구속력과 위법성 판단기준, 대외적 구속력과 처분성 개념 구분

이해 : 대외적 구속력은 국민을 구속하는 힘, 처분성은 개별·구체적으로 국민의 권익에 직접적으로 영향을 미침.

개념암기		
행정상 입법	**법규명령 형식의 행정규칙**	**법령보충적 행정규칙**

개념암기

- 행정상 입법
- 법규명령
- 위임명령
- 집행명령
- 행정규칙
- 법규명령형식의 행정규칙
- 법령보충적 행정규칙
- 사법적 통제
- 추상적 규범통제
- 구체적 규범통제
- 직접적 통제
- 간접적 통제
- 권리구제형 헌법소원

법규명령 형식의 행정규칙

1. 문제점
   ① 형식은 법규명령 BUT 실질은 행정규칙
   ② 대외적 구속력 인정여부 문제

2. 법적 성질
   (1) 학설
       ① 법규명령설(형식과 법적 안정성 중시)
       ② 행정규칙설(실질과 구체적 타당성 중시)
       ③ 수권여부기준설(법령의 수권 유무로 판단)
   (2) 판례(제재적 처분기준)
       ① (구)식품위생법 시행규칙은 행정규칙
       ② (구)청소년보호법 시행령상 과징금처분기준은
          법규명령(최고한도)
   (3) 검토(법규명령설)

3. 법적 효력
   ① 실질설(법규명령설)에서의 효력(법규명령)
   ② 형식설(행정규칙설)에서의 효력(행정규칙)

4. 권리구제(구체적 규범통제)
   ① 구체적 규범통제
   ② 손해배상청구소송
   ③ 권리구제형 헌법소원

5. 관련문제
   위헌·위법인 명령에 근거한 처분은 취소사유(判)

   예 감정평가법인등 징계규정 및 과징금 규정

법령보충적 행정규칙

1. 법령보충적 행정규칙의 의의 및 인정 여부
   ① 형식은 행정규칙 BUT 실질은 법규명령
   ② 다수 및 판례는 법령의 수권을 논거로 긍정

2. 법적 성질에 대한 견해의 대립
   (1) 학설
       ① 행정규칙설(형식이 행정규칙)
       ② 법규명령설(실질이 법규명령)
       ③ 법규명령의 성질을 갖는 행정규칙설
       ④ 수권여부기준설(법령의 수권 유무로 판단)
       ⑤ 위헌무효설(행위형식 무효)
   (2) 판례
       ① 국세청장훈령 재산제세사무처리규정(긍정)
       ② 토지가격비준표(긍정)
       ③ 토지보상법 시행규칙 제22조(긍정)
       ④ 감정평가실무기준(부정)
   (3) 검토(법규명령설)

3. 법령보충적 행정규칙의 한계
   위임범위 내 제정(법률 규정의 입법 목적과 규정 내용,
   규정의 체계, 다른 규정과의 관계 등 종합고려 판단)

* 토지보상평가지침은 감정평가사협회 내부지침임.
   감정평가사협회는 법인이지 행정기관이 아님. 따라서 토지
   보상평가지침은 행정규칙이 아니라 민간단체의 지침 기준
   일 뿐이다.

---

4. 위법한 법령보충적 행정규칙의 효력
   대외적 구속력 부정(判)

5. 법령보충적 행정규칙의 사법적 통제
   ① 구체적 규범통제
   ② 손하배상청구소송
   ③ 권리 구제형 헌법소원

   예 부동산공시법 및 감정평가법
   – 토지가격비준표
   – 도준지 선정 및 관리지침
   – 표준지공시지가 조사·평가를 위한 감정평가법인등 선
     정에 관한 기준
   – 표준지조사평가기준
   – 거별공시지가의 검증업무처리지침
   – 거별주택가격의 검증업무처리지침
   – 공동주택가격 조사·산정기준
   – 주택가격현황도면의 작성 및 활용지침
   – 지가현황도면의 작성 및 활용지침
   – 표준주택가격 조사·산정기준
   – 표준주택의 선정 및 관리지침
   – 표준지공시지가 조사·평가기준
   – 표준지의 선정 및 관리지침
   – 표준지공시지가 조사·평가를 위한 감정평가법인등 선
     정에 관한 기준
   – 공동주택가격 조산·산정기준
   – 부동산 가격공시 등의 수수료에 관한 기준
   – 감정평가실무기준
   – 감정평가법인등의 보수에 관한 기준

Tip

판례는 트지보상법 시행규칙 제22조를 법령보충적 행정
규칙으로 본 바 있고, 제26조는 행정규칙으로 본 바 있으
나 동 규정은 시행규칙으로 법규명령으로 봄이 다수 견해
이다.

이해 : 대외적 구속력은 국민을 구속하는 힘, 처분성은 개별·구체적으로 국민의 권익에 직접적으로 영향을 미침.			
개념암기			
행정상 입법	**행정입법부작위**		
법규명령	1. 의의 　명령을 제정, 개정 또는 폐지하지 않는 것		
위임명령			
집행명령	2. 요건 　① 명령제정의무 　② 상당한 기간 경과 　③ 명령의 제정, 개정 또는 폐지가 없을 것		
행정규칙			
법규명령형식의 행정규칙			
법령보충적 행정규칙	3. 항고소송 대상적격 인정 여부(대판 1992.5.8, 91누 　11261) 　추상적인 법령에 관하여 제정의 여부 등은 그 자체로 　서 국민의 구체적인 권리·의무에 직접적인 변동을 초 　래하는 것이 아니어서 행정소송의 대상이 될 수 없다.		
사법적 통제			
추상적 규범통제	4. 헌법소원(헌재 2004.2.26, 2001헌마718) 　시행명령을 제정할 법적 의무가 있는 경우에 명령제정 　의 거부나 입법부작위도 '공권력의 행사나 불행사'이므 　로 당연히 헌법소원의 대상이 된다.		
구체적 규범통제			
직접적 통제			
간접적 통제			
권리구제형 헌법소원	5. 국가배상청구(대판 2007.11.29, 2006다3561) 　판례는 "구 군법무관임용법 제5조 제3항과 군법무관 　임용 등에 관한 법률 제6조가 군법무관의 보수의 구체 　적 내용을 시행령에 위임했음에도 불구하고 행정부가 　정당한 이유 없이 시행령을 제정하지 않은 것은 군법 　무관의 보수청구권을 침해하는 불법행위에 해당한다" 　고 판시하였다.		
	6. 당사자소송 　규범제정 행위는 당사자소송의 대상이 될 수 없다.		

06일차 　행정계획 및 판단여지 등

이해 : 행정계획 및 판단여지의 재량영역

개념암기	행정계획과 판단여지가 일반재량행위와 개념적으로 동일한지의 문제 및 각 재량의 한계 검토

행정계획

판단여지

인허가 의제제도

행정계획	판단여지

행정계획

1. 행정계획의 의의 및 종류
   비구속·반구속적 계획, 구속적 계획

2. 법적 성질
   (1) 학설
       ① 행정입법설(추상적 규율정립)
       ② 행정행위설(법률관계 변동의 경우)
       ③ 개별검토설(계획마다 개별적 검토)
       ④ 독자성설(행정계획 X, 행정행위 X)
   (2) 판례
       ① 도시관리계획결정 처분성 인정
       ② 도시기본계획 처분성 부정
       ③ 최근 '4대강 살리기 마스터플랜' 등은 기본계획
          으로서 처분성 부정
   (3) 검토(개별검토설)

3. 계획재량과 형량명령
   (1) 계획재량의 의의(광범위한 형성의 자유)
   (2) 재량과의 구분
       ① 질적 차이 긍정설(목적과 수단의 규범구조)
       ② 질적 차이 부정설(재량범위의 양적 차이)
       ③ 검토(양적 차이 인정)
   (3) 형량명령(계획재량에 대한 사법적 통제)
       1) 의의
       2) 형량하자
           ① 형량의 해태(이익형량 행사 X)
           ② 형량의 흠결(이익형량 고려사항 누락)
           ③ 형량의 오형량(형량의 정당성 및 객관성 결여)

4. 권리구제
   (1) 사전적 권리구제(공청회 등)
   (2) 사후적 권리구제
       ① 행정쟁송
       ② 손해전보(손해배상 및 손실보상)
       ③ 헌법소원

5. 관련문제(계획변경청구권의 인정여부)
   ① 특별한 사정이 없는 한, 변화하는 행정의 탄력적 운
      용 측면에서 인정 X
   ② 예외적으로 법규상 또는 조리상 계획변경신청권이
      인정되는 경우 인정(판례)

Tip

행정계획에서 비례원칙 문제 → 형량명령이론 쟁점
행정계획에서 신뢰보호원칙 문제 → 계획변경청구권
쟁점

판단여지

1. 의의

2. 인정여부(일반 재량과의 구분)
   (1) 학설
       ① 긍정설(판단여지 법인식, 재량은 법효과 선택)
       ② 부정설(사법심사의 배제측면에서 동일)
   (2) 판례
       판단여지 영역으로 볼 수 있는 교과서 검정 등의
       문제를 재량으로 본다.
   (3) 검토(구분함이 타당)

3. 인정영역
   ① 비대체적 결정영역(시험채점)
   ② 구속적 가치평가영역(위원회 결정)

4. 판단여지의 한계(법의 일반원칙 준수)

5. 관련문제(토지보상법상 사업인정과 판단여지)
   사업인정의 요건으로 공공성이 요구되는데 공공성은
   대표적인 불확정개념이다. 공공필요성에 대한 판단을
   판단여지 영역으로 볼 수도 있으나 다수 및 판례는 일
   반 재량의 영역으로 보고 있다.

07일차 하자승계 및 부관

이해 : 하자승계 선행처분의 하자가 후행처분의 위법사유로 승계되는지 // 부관의 종류와 각 종류에 대한 독립가쟁성 및 독립취소가능성
개념암기 하자승계의 경우 선행처분의 위법을 후행처분의 위법사유로 주장할 수 있는지의 견해대립과 판례유형을 풍부하게 정리하는 것이 필요하다. 부관은 부관의 종류와 각 종류에 대해서 주된 행정행위와 분리하여 독립된 소의 대상이 인정되는지 및 독립하여 취소할 수 있는지를 정리한다.

하자승계	하자승계	부관

부관	1. 의의 및 논의 배경
	
	2. 전제요건
	 ① 선·후행행위는 처분일 것, ② 선행행위의 취소사유 위법성 및 불가쟁력발생, ③ 후행행위의 적법성
	
	3. 하자승계의 해결논의
	(1) 학설
	 1) 전통적 견해(하자승계론)_(목적의 동일성)
	 2) 새로운 견해(구속력론)
	  대물적(목적), 대인적(수범자), 시간적(사실, 법률관계의 동일성) 한계와 예측가능성, 수인가능성 한도 내에서 하자승계 부정
	 3) 중첩적용론
	  하자의 승계론과 구속력론은 별개의 이론이므로 중첩적용 가능
	(2) 판례
	 형식적 기준적용 원칙(동일목적 여부), 별개의 목적인 경우 예측가능성 및 수인가능성이 없는 경우 긍정
	 ① 사업인정 및 재결(취소사유 부정, 무효사유 긍정)
	 ② 개별공시지가 및 과세처분(별개의 목적)
	  개별공시지가가 개별통지되지 않은 경우 긍정
	 ③ 표준지공시지가 및 재결(별개의 효과)
	  예측가능성 및 수인가능성 없는 경우 긍정
	 ④ 표준지공시지가와 개별공시지가,
	  철거명령과 대집행계고처분의 하자승계 부정
	(3) 검토(판례 타당)
	
	Tip
	선행처분의 하자가 무효인 경우에는 하자승계가 당연 인정되어 별도의 전제요건을 요구하지 않는다.
		1. 부관의 의의 및 구별개념(행정기본법 제17조)
		
		2. 부관의 종류 및 방법
		 조건, 기한, 부담, 철회권 유보 등
		
		3. 부관의 기능 및 법적 성질
		 행정의 탄력성 보장, 주된 행위와 실질적 관련성을 갖는 범위에서 허용
		
		4. 부관의 한계
		(1) 부관의 부착 가능성
		 ① 처분에 재량이 있는 경우 가능
		 ② 재량이 없는 경우에는 근거규정 있는 경우 가능
		(2) 사후부관의 가능성
		 ① 법률에 근거가 있는 경우
		 ② 당사자의 동의가 있는 경우
		 ③ 사정변경 시 가능
		(3) 부관의 내용상 한계
		 ① 해당 처분의 목적에 위배되지 아니할 것
		 ② 해당 처분과 실질적인 관련이 있을 것
		 ③ 처분의 목적달성을 위한 최소범위 내일 것
		 ④ 부당결부금지의 원칙, 평등의 원칙, 비례의 원칙 등에 반하지 않을 것
		 ⑤ 이행가능하고 주된 행위의 본질적 효력을 해하지 않을 것
			5. 독립쟁송가능성과 쟁송형식
			(1) 학설
			 ① 부담만 가능(진정 및 부진정)
			 ② 분리가능한 부담은 진정 및 부진정, 기타부관은 부진정일부취소소송만 가능
			 ③ 모든 부관 가능(부담은 진정 및 부진정, 부담 외는 부진정)
			(2) 판례
			 부담은 진정일부취소소송, 그외 부관은 부관이 위법한 경우 신청인이 부관부행정행위의 변경을 청구하고, 행정청이 이를 거부한 경우, 동 거부처분의 취소를 구하는 소송을 제기할 수 있는 것으로 본다.
			(3) 검토(모든 부관 가능)
			
			6. 독립취소가능성
			(1) 학설
			 ① 기속행위 긍정, 재량행위 부정
			 ② 전부긍정설
			 ③ 주된 행정행위의 본질적 부분이 아닌 경우 독립취소 가능(분리가능성설)
			(2) 판례(부담만 가능)
			(3) 검토(전부긍정설)

부담		
조건		
기한		

08일차　취소와 철회 및 취소(철회)의 취소

이해 : 수익적 행정행위의 취소 및 철회

개념암기	수익적 행정행위의 취소 및 철회는 침익적 처분으로서 행정절차법상 사전통지와 의견청취 절차를 거쳐야 한다. 또한, 취소나 철회에 위법이 있는 경우에 이를 다시 취소할 수 있는지 문제된다.		
취소	**취소**	**철회**	**취소의 취소와 철회의 취소**
철회	1. 의의 및 효과(행정기본법 제18조) 2. 주체 여부(감독청의 취소 가능 여부) 　① 긍정설(감독청의 목적달성) 　② 부정설(처분청의 권한 제한) 　　　행정기본법 제18조 취소권자는 처분권자 3. 취소사유(위법 또는 부당) 4. 취소권 행사의 제한법리 　법의 일반원칙 준수 및 공사익형량 5. 취소절차 　행정절차법상 사전통지 및 의견제출 절차 6. 취소의 효과(소급효원칙) 7. 기타(반환청구권) 　원인행위 취소 시 부당이득 성립가능 **Tip** 취소와 철회는 대체로 제한법리가 쟁점이 된다. 취소사유와 철회사유가 인정되는 경우에도 취소권과 철회권을 행사할 수 있는지가 쟁점이며 이는 취소나 철회로 인한 당사자의 사익침해와의 형량이 필요하다. 따라서 처분 상대방 및 제3자에 대한 보호이익이 더 크다면 취소권 및 철회권은 제한된다.	1. 의의 및 효과(행정기본법 제19조) 2. 철회권자(처분청) 3. 철회사유 　① 법률에서 정한 철회 사유에 해당 　② 법령등의 변경이나 사정변경 　③ 중대한 공익을 위하여 필요한 경우 4. 철회권 행사의 제한 　법의 일반원칙 준수 및 공사익형량 5. 철회절차 　행정절차법상 사전통지 및 의견제출 절차	1. 문제점 　취소(철회)를 취소하는 경우 원행정행위가 회복(소생)되는지 여부 2. 견해대립 　(1) 학설 　　① 긍정설(원행정행위 소생) 　　② 부정설(원행위 확정소멸, 동일처분 필요) 　　③ 절충설(해당 행위의 성질, 제3자 이익 고려) 　(2) 판례(취소) 　　판례는 수익적 행위인 옥외광고물설치허가사건에서 긍정한 바 있으며, 부담적 행위인 과세처분사건에서는 부정한 바 있다. 또한 광업권과 관련하여서는 제3자의 관계까지 고려하여 제3자의 권리침해 시는 부정된다고 본 바 있다. 　(3) 판례(철회) 　　판례는 침익적 행정행위의 철회의 경우 해당 침익적 행정행위는 확정적으로 효력을 상실하므로 철회의 취소는 인정하지 않지만, 수익적 행정행위의 철회에 대하여는 취소가 가능한 것으로 본다. 　(4) 검토(제3자이익 및 공익 등 고려하여 판단)

09일차　단계적 행정결정

이해 : 확약 및 사전결정 등 단계적 행정결정의 처분성과 구속력 인정여부 정리

개념암기	
	확약의 처분성 인정논의는 확약의 내용을 이행하지 않을 때, 이에 대한 이행을 요구하였으나 행정청이 거부하는 경우 거부행위에 대한 항고소송이 가능한지에 대한 대상적격 논의의 경우에 필요한 개념이다. 사전결정은 여러 요건 중 하나에 대한 판단으로 최종행위 결정에 구속력이 인정되는지가 문제되나 판례는 이를 부정한다.

확약	사전결정	확약
사전결정		

사전결정

1. 의의

2. 사전결정의 구속력 인정여부
   (1) 견해의 대립
      ① 긍정설(사전결정이 무효가 아닌 한 구속력 인정)
      ② 부정설(신뢰이익을 고려하여 개별적으로 판단)
   (2) 판례
      판례는 주택건설사업계획의 승인과 관련하여 사전결정의 구속력을 부정하였으나, 폐기물처리사업부적정통보취소사건에서는 구속력을 긍정하기도 하였다.
   (3) 검토
      사전결정은 그 자체가 하나의 완결된 행위이므로 이에 대한 구속력을 긍정함이 타당

> **Tip**
>
> **사전결정과 확약의 구분요령**
> 사전결정은 여러 요건 중 하나에 해당하는지를 판단하는 것이고(여러 요건 중 일부만 미리 결정), 확약은 처분의 이행 가부를 결정해주는 것에서 차이가 있다. 즉, 대상이 다르다.

확약

1. 의의 및 구별개념

2. 처분성 여부
   (1) 학설
      ① 긍정설(확약의 구속력)
      ② 부정설(확약의 종국적 구속력 불인정)
   (2) 판례
      판례는 어업권우선순위결정을 확약으로 보면서 처분성은 부정하였다.
   (3) 검토(부정설)

3. 확약의 효력
   (1) 확약의 구속력
   (2) 확약의 실효(사정변경 시 실효)

4. 권리구제
   행정청이 확약내용을 이행하지 않으면, 상대방은 확약의 이행을 청구하고 거부처분이나 부작위에 대해 의무이행심판, 부작위위법확인소송 또는 거부처분취소소송을 제기할 수 있다.
   확약의 불이행으로 손해가 발생한 경우에는 손해배상청구도 가능하다.

확약의 구별개념

1. 가행정행위
   가행정행위란 본행정행위가 있기 전까지 행정행위의 법적 효과 또는 구속력을 잠정적으로 발생시키는 행위를 말한다.
   가행정행위는 본행정행위의 효력을 향유할 수 있으며, 본행정행위가 있게 되면 가행정행위는 본행정행위로 대체되어 효력이 상실된다.

2. 사전결정(예비결정)
   사전결정이란 종국적인 행정결정을 하기에 앞서 종국적인 행정결정의 요건 중 일부에 대해서 사전적으로 심사하여 내린 결정을 말한다.
   사전결정은 그 자체가 하나의 완결된 행정행위이다. 사전결정이 발령되면 최종행위 결정 시에 사전결정의 내용과 상충되는 결정을 하여서는 안 된다. 사전결정은 그 자체가 하나의 완결된 행위이므로 이에 대한 구속력을 긍정함이 타당하다.

3. 부분허가
   부분허가는 비교적 장기간의 건설에 있어서 단계적으로 시설의 일부분에 대하여 부여하는 허가를 의미한다.
   부분허가는 그 자체가 규율하는 내용에 대한 종국적 결정인 행정행위이다. 부분허가를 받은 자는 허가의 대상이 되는 행위를 적법하게 할 수 있다.

이해 : 사실행위의 종류 구분

개념암기	사실행위 중 처분성이 인정되는지의 논의. 처분개념정의로서 국민의 권리와 의무에 영향을 주는지를 중심으로 논하되, 각 개념에 부합되는 학설논의를 추가적으로 정리해야 함.		
사실행위	**권력적 사실행위**	**행정지도**	**행정조사**
권력적 사실행위	1. 사실행위의 의의(사실상 효과 및 결과실현목적)	1. 의의 및 근거	1. 의의
비권력적 사실행위	교량의 건설, 폐기물 수거, 행정지도, 행정조사 등	① 지도, 권고, 조언 등의 행정작용	① 필요한 정보나 자료 수집
행정지도		② 강제력을 갖는 경우는 근거 필요	② 수인의무를 부과하는 권력적 사실행위
행정조사	2. 권력적 사실행위의 의의		

1. 사실행위의 의의(사실상 효과 및 결과실현목적)
   교량의 건설, 폐기물 수거, 행정지도, 행정조사 등

2. 권력적 사실행위의 의의
   대집행 실행, 행정조사 등 행정주체가 우월적인 지위에서 행하는 것으로서 공권력 행사의 실체를 가지는 것을 말한다.

3. 처분성 인정여부
   (1) 학설
      ① 긍정설(국민의 권리와 의무에 영향)
      ② 수인하명설(수인하명 의무가 소의 대상)
      ③ 부정설(당사자소송으로 구제도모)
   (2) 판례
      권력적 사실행위라고 보여지는 단수처분, 교도소재소자의 이송조치의 처분성을 인정한 대법원 판례가 있다.
   (3) 검토(긍정설 및 수인하명설)

행정지도

1. 의의 및 근거
   ① 지도, 권고, 조언 등의 행정작용
   ② 강제력을 갖는 경우는 근거 필요

2. 법적 성질
   임의적 협력을 구하는 비권력적 사실행위

3. 행정지도의 한계
   (1) 임의성의 원칙(행정절차법 제48조 제1항)
      상대방의 의사에 반하여 부당하게 강요 X
   (2) 불이익조치금지의 원칙(동법 제48조 제2항)
      지도에 따르지 않음을 이유로 불이익조치 X

4. 권리구제
   (1) 행정쟁송
      1) 학설
         ① 부정설(임의적 협력을 구하는 비권력적 행위)
         ② 제한적 긍정설(사실상 강제력 갖는 경우 긍정)
      2) 판례
         ① 권고는 특정인의 법률관계 변동 X
         ② 국가인권위원회의 성희롱결정과 시정조치의 권고의 대상적격 긍정(성희롱 행위자로 결정된 자의 인격권에 영향)
      3) 검토(제한적 긍정설)
   (2) 손해전보(국가배상)

행정조사

1. 의의
   ① 필요한 정보나 자료 수집
   ② 수인의무를 부과하는 권력적 사실행위

2. 한계
   ① 필요 최소 범위 내에서 실시
   ② 신체나 생명 및 재산에 직접 실력을 가하여야 하는 경우에는 영장주의 적용

3. 위법한 행정조사와 행정행위의 효력
   (1) 학설
      ① 위법한 절차에 기초한 행정행위는 위법
      ② 행정조사와 행정행위는 별개의 행위
      ③ 행정조사가 행정행위의 사전절차인 경우는 행정행위 위법
   (2) 판례
      판례는 부정한 목적을 위한 조사와 위법한 중복 세무조사에 기초하여 이루어진 과세처분은 위법하다고 판시한 바 있다.
   (3) 검토(긍정설)

4. 행정조사에 대한 행정구제
   (1) 행정쟁송(대상적격 긍정 시 + 집행정지)
   (2) 손해전보

11일차　행정강제

이해 : 행정강제는 공법상 의무불이행의 예방 및 강제하는 수단

개념암기	행정강제의 각 종류의 개념을 이해하고, 특히 대집행의 대상으로서 인도이전의무가 적용될 수 있는지를 검토한다. 대집행은 대체적 작위의무를 대상으로 하나, 명도가 수반된 인도이전의무가 대집행 대상에 포함되는지가 주요 논점이므로 대집행법과 토지보상법의 관계 및 인도이전의무는 대집행 대상이 아니라는 판례의 태도를 잘 정리하여야 함.

행정강제		행정벌

행정강제

1. 대집행
　대체적 작위의무의 불이행이 있는 경우에 당해 행정청이 스스로 의무자가 행할 행위를 하거나 제3자로 하여금 이를 행하게 하고, 그 비용을 의무자로부터 징수하는 것

2. 집행벌(이행강제금)
　의무자가 행정상 의무를 이행하지 아니하는 경우 행정청이 적절한 이행기간을 부여하고, 그 기한까지 행정상 의무를 이행하지 아니하면 금전급부의무를 부과하는 것

3. 직접강제
　의무자가 행정상 의무를 이행하지 아니하는 경우 행정청이 의무자의 신체나 재산에 실력을 행사하여 그 행정상 의무의 이행이 있었던 것과 같은 상태를 실현하는 것

4. 행정상 강제징수
　의무자가 행정상 의무 중 금전급부의무를 이행하지 아니하는 경우 행정청이 의무자의 재산에 실력을 행사하여 그 행정상 의무가 실현된 것과 같은 상태를 실현하는 것

5. 즉시강제
　현재의 급박한 행정상의 장해를 제거하기 위한 경우로서 ① 행정청이 미리 행정상 의무이행을 명할 시간적 여유가 없는 경우, ② 그 성질상 행정상 의무의 이행을 명하는 것만으로는 행정목적 달성이 곤란한 경우에 행정청이 곧바로 국민의 신체 또는 재산에 실력을 행사하여 행정목적을 달성하는 것

행정벌

1. 의의
　행정벌이란 행정법상의 의무위반행위에 대하여 제재로서 가하는 처벌을 말한다.
　행정형벌과 행정질서벌이 있다.

2. 행정형벌(중대한 의무위반에 대한 벌)
　형법상의 형벌을 과하는 행정벌

3. 행정질서벌(경미한 의무위반에 대한 벌)
　과태료가 과하여지는 행정벌

4. 행정형벌과 질서벌의 병과 가능성
　(1) 학설
　　① 부정설(동일한 위반행위에 대한 행정벌)
　　② 긍정설(목적의 차이)
　(2) 판례
　　행정법상의 질서벌인 과태료의 부과처분과 형사처벌은 그 성질이나 목적을 달리하는 별개의 것이므로 행정법상의 질서벌인 과태료를 납부한 후에 형사처벌을 한다고 하여 이를 일사부재리의 원칙에 반하는 것이라고 할 수는 없다.
　(3) 검토(긍정설)

개념암기 항목: 행정강제 · 대집행 · 집행벌 · 직접강제 · 강제징수 · 즉시강제 · 행정벌

12일차　행정강제

이해 : 행정강제는 공법상 의무불이행의 예방 및 강제하는 수단

개념암기	행정강제의 각 종류의 개념을 이해하고, 특히 대집행의 대상으로서 인도이전의무가 적용될 수 있는지를 검토한다. 대집행은 대체적 작위의무를 대상으로 하나, 명도 시 수반된 인도이전의무가 대집행 대상에 포함되는지가 주요 논점이므로 대집행법과 토지보상법의 관계 및 인도이전의무는 대집행 대상이 아니라는 판례의 태도를 잘 정리하여야 함.

대집행	대집행	

1. 의의(행정대집행법 제2조)

2. 대집행의 요건
(1) 공법상 의무의 불이행(협의 의무 X)
(2) 대체적 작위의무(인도이전의무)
　　1) 판례는 매점점유자의 점유배제는 직접적인 실력행사가 필요한 것이지 대체적 작위의무에 해당하는 것은 아니어서 행정대집행법에 의한 대집행의 대상이 되는 것은 아니라고 판시한 바 있다.
　　2) 수용 목적물인 토지나 물건의 인도·이전의무
　　　① 견해의 대립
　　　　㉠ 긍정설(대집행법에 대한 특례규정)
　　　　㉡ 부정설(대체적 작위의무에 한정)
　　　② 판례
　　　　인도에는 명도도 포함되는 것으로 보아야 하고, 명도의무는 강제적으로 실현하면서 직접적인 실력행사가 필요한 것이지 대체적 작위의무라고 볼 수 없으므로 행정대집행법에 의한 대집행의 대상이 될 수 있는 것이 아니다.
　　　③ 검토(부정설)
(3) 비례성 요건(다른 수단으로의 이행확보 가능성 및 의무불이행 방치가 심히 공익을 해하지 않는지 여부)

3. 대집행주체(국가 및 지방자치단체)

4. 대집행권 행사의 재량성
　대집행 요건 충족 시 심히 공익을 해할 것인지를 판단(계고 시 기준)하여 대집행 실행의 필요성이 인정되는 경우에 할 수 있다.

5. 대집행의 절차
(1) 계고(대집행을 한다는 뜻의 문서 통지)
　① 계고서 1장에 철거를 명함과 동시에 대집행을 계고한 경우라도 철거명령과 계고처분은 독립하여 존재한다.
　② 계고가 반복된 경우에는 1차 계고가 소의 대상이다. 2차, 3차 계고처분은 대집행기한의 연기통지에 불과하다.
(2) 구체적인 실행시기 통지
(3) 대집행의 실행 및 비용징수

6. 행정구제
(1) 항고쟁송
　1) 소의 대상(각 절차 모두 소의 대상 긍정)
　2) 소의 이익(집행정지 필요)
　3) 하자의 승계
　　① 철거명령과 대집행절차 : 하자승계 부정
　　② 계고, 통지, 실행, 비용납부 : 하자승계 긍정
(2) 국가배상(손해배상)
(3) 원상회복청구(결과제거청구)

13일차 절차하자의 이해

이해 : 침익적 처분의 절차 → 사전통지와 의견청취

개념암기	행정절차법에서는 권리를 제한하거나 의무를 부과하는 행위를 하기에 앞서 당사자의 의견청취를 할 것을 사전에 통지하도록 규정하고 있다. 사전통지의 대상에 거부처분이 해당되는지와 의견청취로서 청문절차가 주된 쟁점이 된다. 내용상 하자 없이 절차상 하자만을 이유로 처분이 취소되면 절차상 하자를 보완하여 동일처분을 할 것이기에 절차하자의 독자적 위법사유를 인정시킬 실익이 있는지가 문제된다.

사전통지	절차하자의 독자성 논의	사전통지	의견청취(청문)
의견청취(청문)	1. 문제점 　실체상 위법 없이 절차상 위법을 주장할 실익 2. 학설 　① 긍정설(적법절차, 행정소송법 제30조 제3항 기속력) 　② 부정설(동일결과 반복, 행정경제 불합리) 　③ 절충설(재량행위 긍정, 기속행위 부정) 3. 판례 　① 기속행위인 과세처분에서 이유부기 하자 　② 재량행위인 영업정지처분에서 청문절차 하자 긍정 4. 검토(긍정설) 5. 절차상 하자의 위법성 정도(취소사유)	1. 의의 및 취지(행정절차법 제21조) 　권리제한 및 의무부과 2. 생략사유 　① 공공복리를 위한 긴급한 처분 필요성 　② 처분성질상 의견청취가 현저히 곤란하거나 명백히 불필요한 경우 　③ 법령상 일정처분을 하여야 함이 객관적으로 증명된 경우 3. 사전통지의 대상자 　처분의 직접 상대방만, 제3자 X 4. 사전통지의 기간 　의견제출기간 10일 이상으로 통지 5. 거부처분 시 사전통지 필요 여부 　(1) 학설 　　① 긍정설(기대이익 제한) 　　② 부정설(신청만으로 권익발생 X) 　　③ 절충설(계속적 행위인 경우 긍정) 　(2) 판례 　　판례는 신청에 따른 처분이 이루어지지 않은 경우에는 아직 당사자에게 권익이 부여되지 않았으므로, 거부처분은 권익을 제한하는 처분이 아니라고 한다.	1. 청문의 의의 및 취지 2. 필수적 절차 여부 　(1) 필수인 경우 　　① 명문의 규정이 있는 경우 　　② 필요하다고 인정하는 경우 　　③ 인허가 등의 취소, 신분·자격의 박탈, 법인이나 조합 등의 설립허가의 취소처분 시 　(2) 생략가능한 경우 　　사전통지의 생략사유에 해당하거나 당사자의 포기의사가 있는 경우 3. 관련 판례 　(1) 도달기간을 준수하지 않은 청문의 효력 　　절차상 하자 인정. 단, 출석하여 충분한 방어기회를 가진 경우는 하자치유 긍정 　(2) 협의에 의한 청문배제 가능성 　　청문을 실시하지 않아도 되는 예외적인 경우 X 　(3) '청문통지서가 반송되었다거나, 행정처분의 상대방이 청문일시에 불출석하였다는 이유'는 의견청취가 현저히 곤란한 경우에 해당하지 않는다(판례). * 감정평가법상 징계로서 자격을 취소하는 경우 　별도의 청문규정은 없기에 행정절차법상 청문절차가 적용되는지가 쟁점이 되는데, 이러한 경우 징계위원회에 대한 의견진술의 기회보장이 청문 배제사유가 될 수 있는지가 쟁점이 된다.

14일차 **절차하자의 이해**

이해 : 이유제시 의무와 하자의 치유

개념암기	이유제시의 하자를 사후에 보완하는 하자치유가 인정될 수 있는지와, 인정될 수 있다면 언제까지 인정될 수 있는지를 이해하고, 이유제시와 하자치유를 연결된 쟁점으로 인지하여야 한다.

이유제시	**이유제시**	**하자의 치유**	
하자치유			

이유제시

1. 의의 및 필요성
   처분의 근거와 이유제시, 행정결정의 신중성, 객관성 및 쟁송제기 및 준비에 편의제공

2. 필수적 절차인지
   ① 당사자의 신청대로 인정하는 경우 생략가능
   ② 처분이유를 명백히 아는 경우 생략가능
   ③ 긴급을 요하는 경우 생략가능

3. 이유제시의 정도와 하자
   판례는 '처분의 근거와 이유를 상대방이 이해할 수 있을 정도로 구체적으로 서면으로 하되, 이를 전혀 안 하거나 구체적이지 않은 경우 위법하게 된다'고 한다.
   이유제시가 전혀 없거나 없는 것과 같이 불충분한 경우에는 무효로 보고, 이유제시를 하였으나 이유가 불충분한 경우는 취소로 보아야 할 것이나, 판례는 이유제시 누락도 취소로 본다.

4. 이유제시의 시기 및 내용
   처분과 동시, 행정쟁송 제기 여부 등 명시

하자의 치유

1. 의의 및 취지
   성립 당시 하자의 사후보완, 소송경제와 권리구제 요청의 조화

2. 처분사유추가변경과의 구별
   처추변은 소 계속 중 처분사유를 추가하는 것, 이유제시는 미흡한 부분의 사후보완

3. 인정 여부
   (1) 학설
      ① 긍정설(행정의 능률성)
      ② 부정설(행정결정의 신중성 및 신뢰보호)
      ③ 절충설(공격방어권 보장범위 내에서 긍정)
   (2) 판례
      행정행위의 무용한 반복을 피하고 당사자의 법적 안정성을 위해서, 국민의 권리나 이익을 침해하지 않는 범위 내에서 구체적 사정에 따라 합목적으로 인정해야 한다고 판시한 바 있다.
   (3) 검토(절충설)

4. 인정범위(취소사유의 절차하자)
   ① 절차하자만 하자치유 인정(내용상 하자 X)
   ② 취소사유만 인정(통설 및 판례)

5. 인정시기(시적 한계)
   (1) 학설
      ① 쟁송제기 전까지 가능(쟁송제기 편의제공)
      ② 소송제기 전까지 가능(행정심판은 내부통제)
      ③ 판결 시까지 가능(소송경제 측면)

   (2) 판례
      판례는 이유제시의 하자를 치유하려면 늦어도 처분에 대한 불복 여부의 결정 및 불복신청에 편의를 줄 수 있는 상당한 기간 내에 하여야 한다고 하고 있다.
   (3) 검토(쟁송제기이전시설)

6. 하자치유의 효과
   적법한 행정행위로서의 효력 유지

7. 관련판례
   (1) 개별공시지가와 개발부담금
      당초 위법한 개별공시지가가 정정되었으면 그에 기초한 새로운 개발부담금처분이 있어야 한다.
   (2) 청문서 도달기간
      청문서 도달기간을 준수하지 못하였더라도 출석하여 충분한 방어기회를 가진 경우에는 하자는 치유된다.

   * 이의재결 시 증액된 보상금의 공탁과 하자치유
      판례는 사업시행자가 재결에 불복하여 이의신청을 거쳐 행정소송을 제기하는 경우에는 원칙적으로 행정소송 제기 전에 이의재결에서 증액된 보상금을 공탁하여야 할 것이지만, 제소 당시 그와 같은 요건을 구비하지 못하였다 하여도 사실심 변론종결 당시까지 그 요건을 갖추었다면 그 흠결의 하자는 치유되었다고 볼 수 있다고 하였는데, 이는 처분의 위법을 치유하는 하자치유와는 다른 내용이라고 할 것이다. 이는 토지보상법상 소송을 제기하기 위한 전제요건이 될 것이기에 소송요건에 대한 하자치유라고 볼 것이다.

15일차 인허가 의제제도

이해 : 인허가 의제제도, 국가배상청구(공무원의 과실책임 및 선택적 청구), 공무원의 과실책임 요건 및 선택적 청구 가능 여부
개념암기 인허가 의제제도의 효력범위 및 주된 인허가와 분리하여 의제되는 인허가가 독립된 소의 대상이 되는지 여부

인허가 의제제도	인허가 의제제도	공무원의 과실책임	선택적 청구

인허가 의제제도

1. 의의 및 기능
   절차간소화를 통한 사업자의 부담해소 및 절차촉진

2. 집중효의 정도
   (1) 학설
       ① 절차집중설(의제되는 인허가 절차 미적용)
       ② 제한적 절차집중설(의제되는 인허가 절차 통합적으로 고려, 실체적 요건 적용)
   (2) 판례
       의제되는 법률규정상 이해관계인의 의견청취 절차를 생략할 수 있다.
   (3) 관련규정(행정기본법 제24조 제5항)
       명시적 규정이 있는 경우 의제되는 인허가 절차준수
   (4) 검토(행정기본법)

3. 인허가 의제와 소송의 대상
   (1) 학설
       부정설(실제 X), 긍정설(대상적격 ○)
   (2) 판례
       주택건설사업계획 승인처분의 취소를 구할 것이 아니라 의제된 인허가의 취소를 구하여야 한다. 의제된 인허가는 주택건설사업계획 승인처분과 별도로 항고소송의 대상이 되는 처분에 해당한다.

공무원의 과실책임

1. 의의 및 성질
   공권이 타당하나 판례는 민사소송으로 해결함.

2. 요건(국가배상법 제2조)
   ① 공무원이 직무를 집행하면서 타인에게 손해를 가하였을 것, ② 공무원의 가해행위는 고의 또는 과실로 법령에 위반하여 행하여졌을 것, ③ 손해가 발생하였고, 공무원의 불법한 가해행위와 손해 사이에 인과관계(상당인과관계)가 있을 것

3. 상세 요건
   (1) 공무원
   (2) 직무행위(모든 공행정작용)
   (3) 직무를 집행하면서(직무관련성)
   (4) 법령위반(위법)
       ① 결과책임설, ② 상대적 위법성설, ③ 행위의 법규위반으로 보는 행위위법설(협의), ④ 행위의 법규위반에 행위의 태양까지 포함되는 것으로 보는 행위위법설(광의)(판례), ⑤ 직무의무위반설
   (5) 고의 또는 과실
   (6) 손해
   (7) 인과관계

4. 부작위에 의한 손해배상책임 인정

선택적 청구

1. 국가배상책임의 성질
   (1) 학설
       ① 대위책임설(국가 대신 부담)
       ② 자기책임설(기관행위의 불법)
       ③ 중간설(경과실은 자기책임, 고의중과실은 대위책임)
       ④ 절충설(직무외형을 갖춘 경우 자기책임)
   (2) 판례(절충설)
   (3) 검토(절충설)

2. 공무원의 배상책임
   (1) 학설
       ① 자기책임설(선택청구 긍정)
       ② 대위책임설(선택청구 부정)
       ③ 중간설(선택청구 부정 또는 경과실은 인정, 고의중과실은 부정)
       ④ 절충설(고의중과실의 경우 직무외형을 갖춘 경우 선택청구 긍정)
   (2) 판례(절충설)
   (3) 검토(절충설)

16일차　처분 개념의 이해

이해 : 적극적 침익처분과 소극적 침익처분 및 변경처분

개념암기	소극적 처분인 거부나 부작위의 경우 각 대상적격의 개념요소를 포섭하는 것이 쟁점이고 거부나 부작위에 대한 실효적인 구제수단인 의무이행소송의 인정여부가 쟁점이 된다.

소송법상 처분	처분 및 거부처분	부작위	변경처분(소송대상)
공권력 행사			
거부			

처분 및 거부처분

1. 행정소송법 제2조 제1항 제1호 "처분"
   ① 행정청, ② 구체적 사실에 관한 법집행행위,
   ③ 공권력 행사, ④ 거부 및 ⑤ 이에 준하는 행정작용

2. 거부처분
   (1) 거부처분의 의의 및 구별개념
       명확한 거부의사 / 부작위와 구별
   (2) 거부가 처분이 되기 위한 요건
       1) 판례의 태도
          ① 공권력 행사의 거부일 것
          ② 국민의 권리와 의무에 영향을 미칠 것
          ③ 법규상・조리상 신청권을 가질 것
          행정청의 응답을 구하는 권리(형식적 권리)
       2) 신청권 존부에 대한 견해의 대립
          ① 신청권의 존재는 본안문제라는 견해, ② 처분
          성은 소송법상 개념요소만 갖추면 된다고 하여
          원고적격으로 보는 견해, ③ 신청권은 응답의무
          에 대응하는 절차적 권리이므로 대상적격의 문
          제로 보는 견해
   (3) 검토(판례 타당)

> **Tip**
>
> **거부처분 쟁점**
> 1. 대상적격
> 2. 집행정지 대상인지
> 3. 사전통지 대상인지

부작위

1. 부작위의 의의(행정소송법 제2조 제1항 제2호)
   부작위라 함은 행정청이 당사자의 신청에 대하여 상당
   한 기간 내에 일정한 처분을 하여야 할 법률상 의무가
   있음에도 불구하고 이를 하지 아니하는 것을 말한다.

2. 부작위의 성립요건
   (1) 당사자의 신청 및 신청권의 존재
       ① 처분의무에 대응하는 신청권 필요(판례)
       ② 신청의 적법성은 무관
   (2) 상당한 기간이 경과할 것
   (3) 행정청의 처분의무와 처분의 부존재

> **Tip**
>
> 행정입법부작위는 공권력 행사의 부작위가 아니기에 부
> 작위위법확인소송의 대상인 부작위에 해당되지 않는다.

변경처분(소송대상)

1. 징계 및 조세처분 등에 대한 변경처분
   (1) 견해의 대립
       1) 변경된 원처분설(역흡수설)
       2) 새로운 처분설(흡수설)
   (2) 판례(소송의 대상)
       1) 감액(감경)처분의 경우
          ① 취소되지 않고 남은 부분
          ② 당초부터 유리하게 변경된 내용
       2) 증액처분의 경우
          증액처분이 항고소송의 대상이 된다.
   (3) 검토
       ① 증액처분의 경우에는 증액처분
       ② 감액처분의 경우에는 변경된 원처분

2. 인・허가 처분 등에 대한 변경처분
   기존처분 내용을 대체하는 경우는 변경처분

> **Tip**
>
> 변경처분 논의의 핵심은 변경된 내용의 처분을 당초처분
> 과 독립되는 처분으로 볼 수 있는지 여부이다. 독립처분
> 이면 각각 소의 대상이 되고 독립되지 않은 경우에는 변
> 경된 내용이 소의 대상이 된다. 이 경우 유리한 변경은 당
> 초처분일부터, 불리한 변경은 변경처분일부터 제소기간
> 을 기산하면 된다.

> **Tip**
>
> **개별공시지가 정정**
> 개별공시지가는 그 내용에 따라 유불리가 결정된다. 조세
> 와 부담금은 반대 관계이기에 가격 자체가 올라가고 내려
> 가고에 따른 획일적인 결론이 불가능하다. 당사자의 주장
> 에 따라 유불리가 결정되기에 당사자의 주장에 따라 변경
> 된 처분인지 새로운 처분인지를 판단해야 할 것이다.

17일차　소송종류의 이해

이해 : 적극적 침익처분과 소극적 침익처분에 대한 구제수단 종류 구별

개념암기	소극적 처분인 거부나 부작위의 경우 각 대상적격의 개념요소를 포섭하는 것이 쟁점이고, 거부나 부작위에 대한 실효적인 구제수단인 의무이행소송의 인정여부가 쟁점이 된다.

	행정소송의 종류	의무이행소송	예방적 금지소송
항고소송 취소소송 무효등확인소송 부작위위법확인소송 당사자소송 의무이행소송 예방적 금지소송 민중소송 기관소송	1. 항고소송 : 행정청의 처분등이나 부작위에 대하여 제기하는 소송 ① 취소소송 : 행정청의 위법한 처분등을 취소 또는 변경하는 소송 ② 무효등확인소송 : 행정청의 처분등의 효력 유무 또는 존재여부를 확인하는 소송 ③ 부작위위법확인소송 : 행정청의 부작위가 위법하다는 것을 확인하는 소송 2. 당사자소송 행정청의 처분등을 원인으로 하는 법률관계에 관한 소송 그 밖에 공법상의 법률관계에 관한 소송으로서 그 법률관계의 한쪽 당사자를 피고로 하는 소송 3. 민중소송 국가 또는 공공단체의 기관이 법률에 위반되는 행위를 한 때에 직접 자기의 법률상 이익과 관계없이 그 시정을 구하기 위하여 제기하는 소송 4. 기관소송 국가 또는 공공단체의 기관상호 간에 있어서의 권한의 존부 또는 그 행사에 관한 다툼이 있을 때에 이에 대하여 제기하는 소송. 다만, 헌법재판소법 제2조의 규정에 의하여 헌법재판소의 관장사항으로 되는 소송은 제외한다.	1. 의의 및 성질 신청에 대한 거부나 부작위에 대하여 신청대상의 발급을 구하는 소송으로서 이행소송의 성질을 갖음 2. 인정 여부 (1) 학설 1) 부정설(소송법 제4조 규정 및 권력분립원칙 X) 2) 긍정설(소송법 제4조 예시규정 및 권력분립위반 X) 3) 절충설(권리구제 없는 경우 제한적 긍정) (2) 판례 '검사에게 압수물 환부를 이행하라는 청구는 행정청의 부작위에 대하여 일정한 처분을 하도록 하는 의무이행소송으로 현행 행정소송법상 허용되지 아니한다'고 한다. (3) 검토(긍정 타당) 3. 가처분(가처분 긍정 필요)	1. 의의 및 대상 신청에 대한 거부나 부작위의 금지를 구하는 소송으로서 이행소송의 성질을 갖음 2. 인정 여부에 대한 견해의 대립 (1) 학설 1) 부정설 소송법 제4조 제한규정 및 권력분립원칙 위반 2) 긍정설 소송법 제4조 예시규정 및 권력분립원칙 위반 X 3) 절충설 권리구제 없는 경우 제한적 긍정 (2) 판례 신축건물의 준공처분을 하여서는 아니 된다는 내용의 부작위를 구하는 청구는 행정소송에서 허용되지 아니하는 것이므로 부적법하다고 판시한 바 있다. (3) 검토(긍정 타당) 3. 가처분(현상유지 가처분 긍정 필요)

18일차 · 대상적격 처분등에서 "등"의 이해

이해 : 원처분주의 쟁점

| 개념암기 | 소의 대상은 개별적·구체적으로 국민의 권익에 영향을 미치는 처분을 대상으로 한다. 행정심판의 재결은 소의 대상인 처분의 효력을 소멸시키거나 변경시킬 수 있으므로 이 역시 개별적·구체적으로 국민의 권익에 영향을 미치는 것으로 보아야 한다. 처분과 행정심판의 재결이 있는 경우 무엇을 소의 대상으로 해야 하는지가 문제될 수 있는데, 현행 행정소송법은 재결고유의 하자가 있는 경우에만 재결을 대상으로 소송을 제기할 수 있게 규정하고 있으며, 이에 따라 재결고유의 하자를 이해하는 것이 중요하다. 제소기간은 행정심판을 거친 경우이므로 재결서 정본 송달일로부터 90일이 적용된다. |

원처분주의

원처분주의 / 재결주의

1. 원처분주의와 재결주의 및 행정소송법 제19조
   재결고유 하자 無 → 원처분 대상
   재결고유 하자 有 → 재결 대상

2. 재결고유의 하자유형
   ① 주체(권한 없는 기관의 재결)
   ② 절차(심판절차 미준수)
   ③ 형식(서면 X, 중요사항 누락 등)
   ④ 내용(내용의 하자유형 인정)

3. 원처분주의하 소의 대상
   (1) 각하재결
       청구요건 충족 ○ → 각하 → 고유하자 인정
   (2) 기각재결
       원처분과 동일 이유 → 고유하자 X
       원처분에 없는 이유 → 고유하자 ○
   (3) 인용재결인 경우
       1) 부적법한 인용재결인 경우
          각하 또는 기각대상인데 인용 → 고유하자 ○
       2) 제3자효 인용재결
          가. 학설
              ① 모든 관계자 입장에서 고유하자(제19조 단서)
              ② 제3자에 대한 새로운 처분(제19조 본문)

   나. 판례
       인용재결의 취소를 구하는 것은 원처분에는 없는 고유한 하자를 주장하는 셈이어서 당연히 취소소송의 대상이 된다.
   다. 검토(고유하자 인정)
   3) 변경재결이 있는 경우
       가. 학설
           ① 일부취소되고 남은 원처분
           ② 행정심판의 재결
       나. 판례
           변경재결로 인하여 감경되고 남은 원처분을 대상으로 원처분청을 피고로 소송을 제기하여야 하는 것으로 보고 있다.
       다. 검토
           감경되고 남은 처분
   4) 변경명령재결에 따른 변경처분의 경우
       가. 학설
           ① 당초부터 유리하게 변경된 원처분
           ② 변경처분은 새로운 처분
           ③ 변경명령재결과 변경처분 모두 가능

   Tip
   원처분주의가 나오는 경우 재결고유하자 유형까지는 기본으로 서술하고, 원처분주의하 소의 대상 중 문제에 부합되는 유형논의를 집중적으로 하면 됨.

   나. 판례
       취소소송의 대상은 변경된 내용의 당초처분이지 변경처분은 아니고, 제소기간의 준수 여부도 변경처분이 아닌 변경된 내용의 당초처분을 기준으로 판단하여야 한다고 한다.
   다. 검토(판례 타당)
   5) 인용(형성)재결 이후 행정청의 취소 또는 변경처분이 있는 경우의 소의 대상
       ① 재결이 소의 대상이 된다.
       ② 취소 또는 변경처분은 사실의 통지이다.
   6) 거부처분 취소재결인 경우
       거부를 취소한 현 상태에서는 새로운 법률관계 형성 X
       따라서 새로운 처분 발급 시 새로운 처분 소의 대상
   (4) 사정재결의 경우
       공사익 형량 판단하자 → 고유하자

4. 원처분주의의 위반효과
   각하 vs 기각(다수·판례)

5. 기타(관련문제)
   인용재결에 대한 행정청의 불복불가(기속력)

19일차 소송요건의 이해

이해 : 원고적격, 협의의 소익, 제소기간

개념암기	법률관계가 다양하듯이 그 상대방이 다양하고 이에 따라 소송요건은 각각의 경우에 부합되는 당사자들이 존재하게 된다. 따라서 소송요건의 일반이론을 기본으로 학습하고, 다양한 대상에 대한 당사자를 구분하여 명확하게 소송요건의 본질을 이해하고 적용시켜야 한다.

원고적격

법률상 이익

피고적격

행정청의 소송참가

원고적격		피고적격
1. 의의 및 취지(행정소송법 제12조) 2. 법률상 이익의 의미 (1) 학설 　① 권리구제설(권리침해) 　② 법률상 보호이익설(법적 보호이익 침익) 　③ 보호가치 이익설(소송법상 보호가치 있는 이익) 　④ 적법성 보장설(가장 적합한 자) (2) 판례 　처분의 근거 및 관련법규에 의하여 보호되는 개별적 · 직접적 · 구체적 이익 (3) 검토(법률상 보호이익설) 3. 법률의 범위 (1) 학설 　① 처분의 근거법규, ② + 관계법규, ③ + 헌법규정, ④ + 민법규정 (2) 판례 　대법원은 처분의 근거법규 및 관계법규, 헌법재판소는 경쟁의 자유를 이유로 법률상 이익을 인정한 판례가 있음. (3) 검토(근거 관계 및 헌법상 기본권)	4. 제3자의 원고적격 (1) 경업자인 경우(경쟁자) (2) 경원자인 경우 (3) 이웃주민의 경우(환경영향평가법령상 이익에 대한 판례의 태도) 　① 환경영향평가구역 내(인정) 　② 환경영향평가구역 밖(입증 시 인정) 5. 개별법령상 원고적격이 문제되는 경우 (1) 토지보상법(사업인정) 　① 사업시행자 및 피수용자(인정) 　② 제3자(입증 시 인정) (2) 부동산공시법(표공 및 개공) 　① 소유자(인정) 　② 제3자(입증 시 인정) (3) 법인 징계처분에 대한 주주임원의 원고 적격 문제 등 　① 법인(인정) 　② 주주등(입증 시 인정)	1. 피고적격의 의의(행정소송법 제13조) 및 행정청의 범위 소송상대방, 행정청 + 위임위탁기관, 공무수탁사인 2. 피고경정(행정소송법 제14조) 　① 소송 중 원고의 신청으로 피고 경정 　② 처음 소 제기한 때에 제기된 것으로 봄. 3. 피고적격 유형 　① 행정청 및 합의제 행정청, ② 수임청 및 수탁청, ③ 내부위임은 위임청 원칙(수탁청 이름으로 처분 시는 수탁청), ④ 권한의 대리(피대리청 원칙)(대리관계 밝힘 없이 대리인 명의로 처분한 경우는 알았거나 알 수 있었으면 피대리청), ⑤ 승계행정청, ⑥ 지방의회(의회의원에 대한 징계의결), ⑦ 지방자치단체의 장(조례), ⑧ 처분청과 통지한 자가 다른 경우에는 처분청, ⑨ 보상금증감청구소송(사업시행자) 4. 행정청의 소송참가(행정소송법 제17조) (1) 의의(관계 행정청의 소송참가) (2) 소송참가의 요건 　① 취소소송 등이 계속되고 있을 것, ② 다른 행정청일 것(처분이나 재결에 관계있는 행정청), ③ 참가시킬 필요성이 있을 것 (3) 소송참가의 절차 　당사자의 신청 또는 법원직권 + 당사자 및 당해 행정청의 의견청취 (4) 참가행정청의 지위(보조참가인) 　피참가인의 소송행위와 어긋나는 행위 X

20일차　소송요건의 이해

이해 : 원고적격, 협의의 소익, 제소기간

개념암기	법률관계가 다양하듯이 그 상대방이 다양하고 이에 따라 소송요건은 각각의 경우에 부합되는 당사자들이 존재하게 된다. 따라서 소송요건의 일반이론을 기본으로 학습하고, 다양한 대상에 대한 당사자를 구분하여 명확하게 소송요건의 본질을 이해하고 적용시켜야 한다.

제소기간 협의의 소익 확인의 이익	제소기간	협의의 소익	무효확인소송에서의 확인의 이익
	1. 의의 및 취지 　소제기 시를 기준으로 판단(법원의 직권조사사항) 2. 행정심판을 거친 경우(재결서 송달~90일) 3. 행정심판을 거치지 않은 경우 　(1) 안 날(현실적으로 안 날)로부터 90일 　　1) 당사자가 알 수 있는 상태에 놓여진 때 　　2) 제3자의 경우(현실적으로 안 날) 　　3) 고시 또는 공고에 의한 행정처분 　　　① 불특정 다수인에 대한 효력발생 고시가 효력을 발생하는 날(고시일) 　　　② 개별처분의 성질을 갖는 경우는 현실적으로 안 날 　　　③ 주소불명으로 인한 관보고시(현실적으로 안 날) 　(2) 처분 등이 있은 날부터 1년 　　1) 효력발생일 　　2) 주소불명으로 인한 관보고시(14일 후) 4. 기타 　(1) 무효등확인소송(제소기간의 제한 X) 　(2) 이의신청 거친 경우(행정기본법 제36조)(통지일~90일) 　(3) 변경명령재결에 따른 변경처분이 있는 경우 　　: 재결서 정본 송달일로부터 90일 　(4) 변경처분이 있는 경우 　　① 유리한 변경처분(당초처분일~90일) 　　② 불리한 변경처분(변경처분일~90일) 　　③ 원처분을 대체하는 새로운 처분(~90일) 　(5) 반복된 거부처분인 경우(각 거부처분마다 적용) 　(6) 청구기간 도과를 이유로 한 각하재결 　　① 재결서 정본 송달일부터~90일 적용 X 　　② 당초 처분이 있음을 안 날부터 90일 적용	1. 협의의 소익의 의의 및 취지(소송법 제12조 후문) 2. 원고적격과의 구별 및 소송의 성질 　① 확인소송설(위법성 확인) 　② 형성소송설(취소할 위법상태 존재) 3. 회복되는 법률상 이익의 의미(부수적 이익) 　(1) 학설 　　① 법률상 보호이익, ② + 명예, 신용 등의 이익 포함, ③ + 경제, 사회, 문화적 이익까지 포함 　(3) 판례(직접적이고 구체적인 이익) 　(4) 검토 4. 취소소송에서의 협의의 소익 　① 처분의 효력이 소멸한 경우 　② 원상회복이 불가능한 경우 　③ 처분 후의 사정에 의해 이익침해가 해소된 경우 　④ 보다 간이한 구제방법이 있는 경우 5. 제재적 처분기준의 경우 협의소익(가중처벌) 　(1) 법규명령형식으로 규정된 경우 　　1) 종전 판례(대통령령 형식 인정, 부령 형식 부정) 　　2) 최근 판례 　　　가. 다수견해 　　　　① 법규명령 여부와 상관없이 인정 　　　　② 후에 다투는 경우 이중의 노력과 비용 소모 　　　　③ 시간의 경과로 증거자료 일실문제 발생 　　　나. 소수견해(법규성을 인정하는 논리기초 필요) 　(2) 행정규칙으로 규정된 경우(인정)	1. 문제점 　민사소송에서의 확인의 이익이 요구되는지 여부 2. 견해의 대립 　① 긍정설(확인소송이므로 확인의 이익 필요) 　② 부정설[(확인판결 자체로 기속력(원상회복의무)이 인정되며 민사소송과는 목적과 취지를 달리하므로 요구되지 않는다)] 3. 판례 　종전 판례는 확인소송의 보충성을 요구하였으나, 최근 판례는 ① 행정소송은 민사소송과 목적, 취지, 기능을 달리하고, ② 확정판결의 기속력으로 판결의 실효성을 확보할 수 있으며, ③ 보충성 규정의 명문규정이 없고, ④ 행정처분의 근거법률에 의하여 보호되는 구체적, 직접적 이익이 있는 경우에는 무효확인을 구할 법률상 이익이 있다고 보아야 한다고 하여 보충성이 요구되지 않는다고 판시하였다. 4. 검토(부정설)

21일차　가구제수단의 이해

이해 : 집행정지와 가처분		
개념암기	행정소송법은 판결을 기다릴 여유가 없는 경우 회복되기 어려운 손해의 예방을 위하여 처분의 효력을 정지(소멸)시키는 집행정지제도를 규정하고 있다. 그러나 거부처분의 경우는 집행정지의 대상이 되지 못하므로 거부처분 등 소극적 침해에 대한 임시구제수단으로서 가처분제도를 활용할 수 있는지의 논의가 추가된다.	

집행정지	집행정지		가처분
ㄱ·처분	1. 집행부정(행정소송법 제23조) 2. 요건 　(1) 신청요건 　　1) 정지대상인 처분 등이 존재할 것 　　2) 적법한 본안소송이 계속 중일 것 　　3) 신청인적격 및 신청이익이 인정될 것 　(2) 본안요건(미충족 시 기각결정) 　　1) 회복하기 어려운 손해 　　　① 금전보상 불능 　　　② 중대한 경영상의 위기 　　　③ 사회통념상 참고 견디기가 현저히 곤란한 유·무형의 손해 　　2) 긴급한 필요의 존재(본안판결 기다릴 여유 X) 　　3) 공공복리에 중대한 영향이 없을 것 　　4) 본안청구가 이유 없음이 명백하지 아니할 것 3. 절차(당사자의 신청 또는 직권) 4. 내용 　① 처분의 효력정지 　② 처분의 집행을 정지하는 집행정지 　③ 절차의 속행을 정지하는 절차속행의 정지 　④ 처분의 일부에 대한 집행정지도 가능	5. 효력 및 시기 　① 형성력(효력소멸) 　② 기속력(동일처분 X) 　③ 판결주문에 정해진 시점까지 존속 　　　[본안판결 선고일부터 30일 범위(소송규칙)] 6. 집행정지결정에 대한 불복(즉시항고 가능) 7. 거부처분 집행정지 가능성 　(1) 견해의 대립 　　① 부정설(통설)(신청의 이익 X) 　　② 긍정설(기속력 재처분의무 발생) 　　③ 제한적 긍정설(인·허가 갱신기간 등) 　(2) 판례(부정설) 　　① 신청 전의 상황으로 돌아갈 뿐 　　② 신청이 허가된 상태가 실현되는 것 아님. 　　③ 신청에 따른 처분을 해야 할 의무부담 없음. 　(3) 검토(제한적 긍정설) 8. 기타(판결 후 필요한 조치) 　제재적 처분과 관련된 사건에서 집행정지가 인용 또는 기각된 후, 판결이 있는 경우 해당 판결의 내용이 실현될 수 있는 필요한 조치를 취해야 한다(대판 2020두34070).	1. 문제점 　집행정지는 거부처분 등 소극적 침해에 대한 적절한 가구제 기능 X, 가처분 준용 가능 논의 2. 의의 　금전 이외의 청구권을 보전하기 위하여 임시지위를 설정하는 것 3. 인정 여부 　(1) 학설 　　① 부정설(집행정지 규정은 가처분배제 목적) 　　② 긍정설(권리보호필요) 　　③ 제한적 긍정설(집행정지로 구제 안 되는 경우) 　(2) 판례 　　민사소송법상의 가처분 부정 　(3) 검토(제한적 긍정)

22일차　본안심리의 이해

이해 : 직권심리주의 – 주장입증책임 – 위법성 판단 – 처분사유의 추가변경

개념암기	본안심리는 처분의 위법여부를 판단하는 절차이며, 위법여부는 처분사유가 인정되는지와 법의 일반원칙에 반함이 있는지 여부로 판단한다. 당사자의 주장에 따라 위법성 인정여부를 판단한다. 원고의 주장이 없다면 처분청의 사유는 당위성이 인정되어 적법한 것으로 간주된다. 따라서 원고가 처분의 위법을 입증함에 따라 인용판결을 받을 수 있고, 피고는 처분의 당위성을 유지하기 위하여 처분사유를 추가하거나 변경할 수 있다.

직권심리주의	위법성 판단시점	처분사유의 추가변경	
주장책임			
입증책임			

직권심리주의 열:
주장책임
입증책임

위법성 판단시점

1. 학설
   (1) 처분시설(위법한 처분의 사후심사)
   (2) 판결시설(위법상태 배제)
   (3) 절충설(처분시설 원칙, 계속적 효력인 경우는 판결시)

2. 판례
   처분 당시의 법령과 사실상태를 기준으로 판단

3. 검토(처분시설)
   취소소송은 주관소송, 처분 당시 권리침해

* 무효사유에 대하여 취소소송을 제기한 경우
무효선언적 의미의 판결을 할 수 있다.

> **Tip**
> **취소사유를 무효확인소송으로 제기한 경우**
> 법원은 석명권을 행사하여 취소소송으로 변경 후 취소판결을 할 수 있다(취소소송 제기요건을 갖춘 경우에만).

무효와 취소의 구별[중대명백설(통설)]

중대명백설은 행정행위의 하자의 내용이 중대하고, 그 하자가 외관상 명백한 때에는 해당 행정행위는 무효가 되고, 그중 어느 한 요건 또는 두 요건 전부를 결여한 경우에는 해당 행정행위는 취소할 수 있는 행정행위라고 본다.
① 하자의 중대성이란 행정행위가 중요한 법률요건을 위반하고, 그 위반의 정도가 내용상 중대하다는 것을 말한다.
② 하자의 명백성이란 하자가 일반인의 식견에서 외관상 일견 명백하다는 것을 말한다.

처분사유의 추가변경

1. 의의 및 구별개념(하자치유)

2. 소송물과 처분사유의 추가 · 변경
   소송물(위법성 일반) 범위 내 논의

3. 인정 여부
   (1) 학설
      ① 부정설(국민의 공격 · 방어권 침해)
      ② 긍정설(소송경제)
      ③ 제한적 긍정(권리보호 및 소송경제 고려)
      ④ 개별적 판단설(행정행위 등 개별적 판단)
   (2) 판례
      기본적 사실관계의 동일성 인정 시 긍정
   (3) 검토
      제한적 긍정(소송경제 및 분쟁의 일회적 해결), 사실심 변론종결 시까지 가능

4. 인정기준
   (1) 처분 당시 객관적으로 존재하였을 것
      (위법성 판단 처분 시)
   (2) 기본적 사실관계의 동일성이 유지될 것
      ① 법률적 평가 이전의 사회적 사실관계의 동일성을 기준으로 하여, ② 시간적, 장소적 근접성, ③ 행위의 태양, 결과 등을 종합적으로 고려해서 판단한다.
   (3) 재량행위의 경우
      분쟁대상이 본질적으로 변경되지 않음을 전제로 긍정

5. 법원의 판단
   긍정 시 추가 · 변경된 사유로 본안심사

> **Tip**
> 기본적 사실관계의 판단에 대한 객관적인 기준은 없다. 각 사유의 취지와 목적 등을 고려하여 당초 사유와 추가 및 변경하려는 사유를 동일하게 볼 수 있는지 판단해야 한다.
> 주관적 판단으로서 각 사유의 취지와 목적 등을 나름대로 적시하는 것이 중요하다.

23일차　판결의 효력

개념암기	형성력에 대한 의미(일부취소)와 형성력의 효력범위는 제3자에게까지 절대적으로 미치므로 해당 효력의 내용을 잘 이해해야 함. 취소판결의 효력으로 침해가 발생되는 제3자의 보호를 위하여 제3자 소송참가 및 재심청구제도를 규정하고 있다.

	형성력	제3자 소송참가	재심청구
형성력 일부취소 제3자의 소송참가 재심청구	1. 의의 및 근거(행정소송법 제29조 제1항) 2. 형성력의 내용 　(1) 형성효(처분의 효력소멸, 별도의 취소처분 X) 　(2) 취소의 소급효(처분 시 소급) 　(3) 제3자효(절대적 대세효) 3. 일부취소 　(1) 일부취소(변경)의 의미 　　1) 학설 　　　① 소극적 변경인 일부취소(내용변경 X) 　　　② 적극적 변경인 일부취소(내용변경 가능) 　　2) 판례(소극적 변경으로서의 일부취소) 　　3) 검토(일부취소) 　(2) 일부취소의 가능성(가분성 및 특정성) 4. 취소판결의 형성력의 준용 　(1) 집행정지의 결정 및 정지결정의 취소결정 준용 　(2) 무효확인소송 및 부작위위법확인소송 준용 5. 관련문제(제3자보호) 　제3자의 소송참가 및 제3자의 재심청구 인정 **Tip** **일부취소판결 가능 여부** 판례는 ① 〈과세처분〉과 같이 기속행위로서 가분성, 특정성이 있는 경우 일부취소가 가능하다고 하였고, ② 〈과징금부과처분, 영업정지처분〉과 같이 재량행위인 경우 처분의 재량권을 존중하여야 하므로 전부취소하여야 한다고 하였다.	1. 의의(행정소송법 제16조) 2. 소송참가의 요건 　① 타인 간의 취소소송 등이 계속되고 있을 것 　② 소송의 결과에 의해 권리 또는 이익의 침해를 받을 제3자일 것 3. 소송참가의 절차 　① 당사자 또는 제3자의 신청 또는 법원 직권 　② 당사자 및 제3자의 의견청취 4. 참가인의 지위(공동소송적 보조참가인) 　피참가인의 행위와 어긋나는 행위 가능 5. 불복(각하결정에 대한 즉시항고 가능) 6. 소송참가의 시기 및 판결의 효력 　판결선고 전까지 소송참가 가능 7. 토지보상법상 제3자의 소송참가 　사업시행자 및 피수용자는 각각 제3자 소송참가 가능	1. 의의(행정소송법 제31조) 　취소판결에 의해 권익 침해를 받는 제3자가 자기책임 없는 사유로 소송에 참가하지 못한 경우 확정된 종국판결에 대하여 재심의 청구를 하는 것 2. 요건 　확정판결이 있음을 안 날로부터 30일 이내, 판결이 확정된 날로부터 1년 이내에 제기 3. 기타 　제3자 소송참가를 한 경우는 재심청구 X

24일차　판결의 효력

개념암기	기속력은 인용판결의 효력으로서 적극적 침익처분에 대한 반복금지효와 소극적 침해(거부 및 부작위)에 대한 재처분의무를 규정하고 있다. 인용판결이 있음에도 동일처분을 내리는 것이 기속력에 반하는 것은 아닌지가 주요 쟁점이다. 기판력은 행정법원이 위법성을 판단한 경우 민사법원은 이에 구속되는데, 위법성 개념이 동일한지가 문제된다.		
기속력	**기속력**	**간접강제**	**기판력**
반복금지효	1. 의의 및 취지(행정소송법 제30조)	1. 간접강제의 의의 및 취지(행정소송법 제34조)	1. 기판력의 의의 및 취지
재처분의무			
간접강제	2. 구별개념 및 성질	2. 요건	2. 내용
기판력	기판력과 구분, 특수한 효력(다수)	① 거부 및 부작위 판결 확정	① 동일소송물 중복제소 X (반복금지효)
개별법		② 재처분의무 불이행	② 전소에 반하는 판결 X (모순금지효)
	3. 내용	③ 당사자의 신청 및 결정	
	(1) 반복금지효(행정소송법 제30조 제1항)	(상당한 기간 내 행정청이 이행하지 아니하는 경우	3. 효력범위
	판결의 취지에 저촉되는 처분 X	지연기간에 대한 배상 명령 및 즉시 손해배상 명령)	① 주관적 범위[당사자(승계인, 보조참가자)]
	(기본적 사실관계의 동일성 유무로 판단)		② 객관적 범위(판결의 주문)
	(2) 재처분의무(동법 제30조 제2항 및 제3항)	3. 절차	③ 시적 범위(사실심 변론 종결 시)
	판결의 취지에 따른 이전 신청에 대한 처분	간접강제 결정을 집행권으로 하여 강제집행	
	(절차의 위법을 이유로 취소되는 경우 동일)		4. 기판력과 국가배상소송
	(3) 원상회복의무(결과제거의무)	4. 인정범위	(1) 학설
		무효등확인소송의 경우 판례는 명문규정이 없음을 이유로 부정	1) 기판력 긍정설(위법 개념 동일)
	4. 기속력의 인정범위		2) 기판력 부정설(위법 개념 상이)
	(1) 객관적 범위		3) 제한적 긍정설(행정소송 < 국가배상)
	판결의 주문과 이유(적시된 개개의 위법사유)	5. 배상금의 성질과 추심(판례)	(2) 검토(제한적 긍정설)
	(2) 주관적 범위	① 이행에 대한 심리적 강제수단	
	당사자인 행정청과 그 밖의 관계 행정청 기속	② 일정기간 경과 시 채권 집행방법으로 추심 재처분이	5. 국가배상판결의 취소소송에 대한 기판력
	(3) 시간적 한계	있는 경우는 배상금 추심 X	국가배상판결의 기판력은 행정법원 구속 X
	처분 당시 존재하는 사유(위법판단 처분 시)		
		6. 입법론(의무이행소송 도입)	6. 기타(기판력과 처분청의 직권취소)
	5. 기속력 위반의 효과(강행규정 무효)		

이해 : 판결의 효력에 대한 이해가 중요하고 판결의 실효성을 확보하기 위함		
개념암기	기속력은 인용판결의 효력으로서 적극적 침익처분에 대한 반복금지효와 소극적 침해(거부 및 부작위)에 대한 재처분의무를 규정하고 있다. 인용판결이 있음에도 동일처분을 내리는 것이 기속력에 반하는 것은 아닌지가 주요 쟁점이다. 기판력은 행정법원이 위법성을 판단한 경우 민사법원은 이에 구속되는데, 위법성 개념이 동일한지가 문제된다.	
기속력	**기판력**	

반복금지효

재처분의무

간접강제

기판력

개별법

7. 구체적 사안해결

  (1) 반복금지 위반 여부

    ① 처분 이후의 사유에 근거한 처분 → 기속력 X

    ② 처분 이전의 사유에 근거한 처분 → 기사동이 인정되지 않는 사유는 기속력 X

  (2) 재처분의무(판결의 취지)

    1) 거부처분취소에 따른 재처분의무

      ① 재량행위 → 재량권의 일탈·남용 없는 재량권 행사의무

      ② 기속행위 → 특정처분을 할 법령상 의무의 위반을 시정하는 것

    2) 절차상 위법을 이유로 한 경우

      절차 시정 후 동일처분 → 기속력 위반 X

    3) 거부처분 이후에 법령 등의 개정이 있는 경우

      ① 관계법령이 승소판결 후 상당기간 경과 전에 개정된 경우(경과규정 없는 경우) → 개정된 법령 및 허가기준을 들어 다시 이전의 신청에 대한 거부처분 가능

      ② 상당기간 경과 후 개정된 경우 → 종전 거부처분 당시에 이미 적합한 신청을 하였던 자의 신뢰보호를 위하여 행정청이 합리적인 이유 없이 처리를 늦추는 사이에 법령 등이 변경된 경우와 같이 행정청에게 귀책사유를 인정할 수 있는 특별한 사정이 있는 경우에는 새로운 거부처분은 기속력에 반함

Tip

1. 국배 → 항고소송 : 기판력 X
2. 취소 기각 → 무효확인소송 : 기판력 O
3. 무효소송 기각(적법) → 취소소송 : 기판력 O
4. 무효소송 기각(취소) → 취소소송 : 기판력 X

* 양 소송에서의 위법성 개념

  1. 취소소송

    공권력 행사가 법규범에 적합한지 여부(법규위반 여부)

  2. 국가배상청구소송

    (1) 학설

      ① 협의의 행위위법설(행위의 법 위반)

      ② 광의의 행위위법설(협의 + 손해방지의무 위반)

      ③ 결과불법설(손해의 수인 여부로 판단)

      ④ 상대적 위법성설(피침해이익의 종류 및 성질, 가해행위의 태양 등 종합고려)

25일차 — 사정판결

이해 : 사정판결의 요건 및 적용범위(무효인 경우), 직권심리주의

개념암기	사정판결의 주요 쟁점은 공사익 형량, 무효인 경우 적용가부, 법원이 직권으로 사정판결을 할 수 있는지를 중심으로 확인한다.

사정판결	사정판결		직권심리주의

사정판결

1. 의의(행정소송법 제28조)

2. 요건
   ① 원고의 청구가 이유 있을 것
   ② 취소가 현저히 공공복리에 적합하지 않을 것
   ③ 당사자의 신청이 있을 것
   　판례 : '기록상 현출되어 있는 상황에 관하여서만 직권으로 증거조사하고 이를 기초로 판단할 수 있을 따름이다'고 하여 직권 인정

3. 인정범위(무효인 경우의 가능 여부)
   (1) 학설
   　1) 긍정설(인정 필요한 경우 있을 수 있음)
   　2) 부정설(존치시킬 효력 없음)
   (2) 판례
   　판례는 "당연무효의 행정처분을 소송목적물로 하는 행정소송에서는 존치시킬 효력이 있는 행정행위가 없기 때문에 행정소송법 제28조 소정의 사정판결을 할 수 없다"고 판시한 바 있다.
   (3) 검토(부정)

4. 위법판단의 기준시(처분시)와 사정판결 필요성의 판단시점(판결시)

5. 사정판결의 효과(위법한 처분의 효력유지)

6. 법원의 조치
   ① 판결의 주문에 처분 등의 위법 명시
   ② 사정판결을 함에 따른 손해의 정도와 배상방법 및 그 밖의 사정조사
   ③ 소송비용은 피고 부담

7. 권익구제
   국가배상청구소송 병합제기 가능

직권심리주의

1. 의의(행정소송법 제26조)
   법원이 직접 증거조사를 위한 소송자료를 수집하여 당사자가 주장하지 아니한 사실에 대하여 심리·판단하는 것

2. 직권탐지의 범위
   (1) 학설
   　1) 직권탐지주의원칙설
   　　당사자의 주장 없이 직권증거조사 및 심리판단 가능
   　2) 변론주의원칙설(직권탐지주의보충설)
   　　일건 기록상 현출된 사항에 대해서는 당사자가 주장하지 아니한 사실에 대해서 심리판단 가능
   (2) 판례의 태도
   　소송기록에 나타난 사실에 한하여 직권탐지 인정
   (3) 검토(변론주의원칙설)

3. 직권탐지의 의무
   실체적 진실을 밝혀 권리구제의 필요성이 인정되는 경우에는 직권탐지의무가 있다고 볼 것

이해 : 사정판결의 요건 및 적용범위(무효인 경우), 직권심리주의		
개념암기	사정판결의 주요 쟁점은 공사익 형량, 무효인 경우 적용가부, 법원이 직권으로 사정판결을 할 수 있는지를 중심으로 확인한다.	

사정판결	**부작위위법확인소송**	**취소사유를 무효등확인소송으로 제기한 경우**	

부작위위법확인소송

1. 의의 및 성질(행정소송법 제4조 제3호)

2. 부작위위법확인소송의 소송물(부작위의 위법성)

3. 소송요건
   (1) 대상적격(부작위 개념 참조)
   (2) 원고적격(확인을 구할 이익 있는 자)
   (3) 피고적격(해당 부작위청)
   (4) 소의 이익(소송 중 거부 발급 시 소익 결여)
   (5) 제소기간(부작위 상태가 지속되는 한 소제기 가능)
   (6) 집행정지(부작위는 처분이 아니기에 집행정지 적용 X)

4. 소송의 심리
   (1) 심리의 범위
      1) 학설
         ① 절차적 심리설(신청에 대한 응답의무)
         ② 실체적 심리설(신청에 따른 처분의무)
      2) 판례
         판례는 "부작위위법확인소송은 행정청의 부작위 내지 무응답이라고 하는 소극적인 위법상태를 제거하는 것을 목적으로 하는 것"이라고 하여 절차적 심리설을 취한다.
      3) 검토(절차적 심리설)
   (2) 위법판단의 기준시(판결시설)

5. 판결의 기속력(재처분의무의 내용)
   (1) 절차적 심리설(다수설, 판례)
      재처분의무는 응답의무이므로 거부처분은 기속력에 반하지 않음
   (2) 실체적 심리설
      재처분의무는 처분발급의무이므로 거부처분은 기속력에 반함
   (3) 검토(절차적 심리설)

취소사유를 무효등확인소송으로 제기한 경우

1. 학설
   (1) 소변경필요설
      소제기의 형식이 무효등확인소송이므로 취소소송으로의 변경을 통하여 취소소송으로 변경하여 취소판결을 해야 한다는 견해이다.
   (2) 취소판결설
      법원은 취소소송의 요건을 충족한 경우 취소판결을 하여야 한다는 견해이다.

2. 판례
   일반적으로 행정처분의 무효확인을 구하는 소에는 원고가 그 처분의 취소를 구하지 아니한다고 밝히지 아니한 이상 그 처분이 만약 당연무효가 아니라면 그 취소를 구하는 취지도 포함되어 있는 것으로 보아야 하므로 계쟁처분의 무효확인청구에 그 취소를 구하는 취지도 포함된 것으로 보아 계쟁처분에 취소사유가 있는지 여부에 관하여 심리판단하여야 한다.

3. 관련규정의 검토(행정소송규칙 제16조)(무효확인소송에서 석명권의 행사)
   재판장은 무효확인소송이 제소기간 내에 제기된 경우에는 원고에게 처분 등의 취소를 구하지 아니하는 취지인지를 명확히 하도록 촉구할 수 있다. 다만, 원고가 처분 등의 취소를 구하지 아니함을 밝힌 경우에는 그러하지 아니하다.

4. 검토
   법원은 석명권을 행사하여 취소소송의 제소요건을 갖춘 경우에 한하여 취소소송으로의 변경을 한 후 취소판결을 하는 것이 타당하다.
   재판장은 무효확인소송이 법 제20조에 따른 기간 내에 제기된 경우에는 원고에게 처분 등의 취소를 구하지 아니하는 취지인지를 명확히 하도록 촉구할 수 있다. 다만, 원고가 처분 등의 취소를 구하지 아니함을 밝힌 경우에는 그러하지 아니하다(행정소송규칙 제16조).

26일차　행정심판

이해 : 행정심판의 종류 및 이의신청과의 구별

개념암기	행정심판의 종류와 이의신청이 특별법상 행정심판인지를 구별하는 기준에 대해서 숙지해야 할 필요가 있다.

취소심판	**행정심판의 종류 등**	**이의신청과 행정심판의 구별**	
무효등확인심판			
의무이행심판			

행정심판의 종류 등

1. 의의 및 성질
   행정심판위원회가 행하는 쟁송절차로서 확인의 성질을 갖는다.

2. 행정심판의 종류
   (1) 취소심판(위법·부당한 처분의 취소 또는 변경)
   (2) 무효등확인심판(효력유무 또는 존재 여부 확인)
   (3) 의무이행심판(거부나 부작위에 대해 일정처분을 구하는 심판)

청구인 적격 🖉

1. 입법상 과오라는 견해(부당한 권리침해 X)
2. 입법과오가 아니라는 견해(부당은 본안요건)
3. 검토(비과오설)

처분적 법규명령의 대상적격 논의 🖉

1. 부정설(명령에 대한 통제권은 법원에 있음)
2. 긍정설(처분에 대한 심판 가능)
3. 검토(긍정설)

재결에 대한 처분청의 불복가능성 🖉

1. 부정설(판례 : 재결의 기속력)
2. 제한적 긍정설(지방자치단체의 자치권이 침해된 경우에 제한적으로 원고적격 인정)
3. 검토(제한적 긍정설)

이의신청과 행정심판의 구별

1. 이의신청의 의의 및 구별실익(재심판청구 X)

2. 구별기준
   (1) 견해의 대립
       1) 심판기관기준설(행정심판위원회 / 처분청)
       2) 쟁송절차기준설(준사법절차 준용 여부)
   (2) 판례
       판례는 부동산공시법상 이의신청의 법적 성질을 법률규정의 목적과 행정심판법과의 관계 및 그 절차와 담당기관의 차이 등을 종합고려하여 특별법상 행정심판이 아닌 이의신청이라고 판단한 바 있다.
   (3) 검토(쟁송절차기준설)

27일차　행정심판

이해 : 의무이행심판과 실효성 확보수단

개념암기	의무이행심판은 행정소송에는 없는 유형이기에 의무이행심판의 재결의 종류와 의무이행심판에서의 인용재결의 실효성을 확보하기 위한 수단을 집중 확인한다.

의무이행심판	직접처분	간접강제
1. 의의 및 성질(형성 및 이행쟁송) 　거부 및 부작위에 대해 일정처분을 구하는 심판 2. 의무이행심판의 청구요건(거부 · 부작위 대상) 3. 의무이행재결 　(1) 처분재결(형성재결) 　(2) 처분명령재결(이행재결) 4. 판결의 효력(기속력) 　(1) 처분명령재결(명령에 따른 처분의무) 　(2) 절차의 하자를 이유로 한 신청에 따른 처분을 취소 　　하는 재결(적법절차를 거쳐 하자 없는 응답)	1. 의의 및 취지(행정심판법 제50조) 　처분명령재결 불이행 시 위원회가 직접처분을 행하는 　것으로 의무이행재결의 실효성 확보를 도모함. 2. 직접처분의 성질(행정심판작용이면서 처분) 3. 요건 　(1) 적극적 요건 　　① 처분명령재결이 있었을 것, ② 위원회가 당사자 　　의 신청에 따라 기간을 정하여 시정을 명하였을 것, 　　③ 해당 행정청이 그 기간 내에 시정명령을 이행하 　　지 아니하였을 것 　(2) 소극적 요건(한계) 　　처분의 성질에 비추어 직접처분을 할 수 없는 경우 　　가 아닐 것 4. 직접처분에 대한 불복(제3자의 불복) 　직접처분으로 제3자 권리침해 시 불복 가능 5. 처분청의 조치(행정심판법 제50조 제2항) 　직접처분 시 해당 행정청에 통보	1. 의의 및 취지(행정심판법 제50조의2) 　인용재결에 따른 처분을 행하지 않는 경우 상당 기간을 　정하여 이행을 명하고 이행하지 않는 경우 일정한 배상 　을 하도록 명하거나 즉시 배상을 할 것을 명하는 것 2. 요건 　① 취소(무효)재결 및 의무이행심판에 대한 이행재결 　이 확정될 것, ② 재처분의무를 이행하지 않고 있을 것 3. 효력 　결정의 효력은 피청구인인 행정청에 미치며, 결정서 정 　본은 「민사집행법」에 따른 강제집행에 관하여는 집행 　권원과 같은 효력을 가짐. 4. 불복 　간접강제 결정에 대한 불복 가능

개념암기 : 의무이행심판 / 직접처분 / 간접강제

이해 : 가구제수단과 고지제도

개념암기	의무이행심판의 실효적인 가구제수단으로서 임시처분을 숙지하고, 행정심판 등 불복에 대한 고지제도가 심판청구기간에 미치는 영향을 중심으로 정리한다.		
임시처분	**임시처분**	**집행정지**	**고지제도**
집행정지 고지제도	1. 의의 및 취지(행정심판법 제31조) 　중대한 불이익 및 급박한 위험을 막기 위한 임시적 가 　구제수단 2. 요건 　(1) 적극적 요건 　　① 처분 또는 부작위가 위법·부당하다고 상당히 　　의심되는 경우일 것, ② 중대한 불이익이나 급박한 　　위험을 방지할 필요가 있을 것 　(2) 소극적 요건 　　공공복리에 중대한 영향을 미치지 않을 것 3. 임시처분의 보충성 　집행정지로 목적달성할 수 있는 경우가 아닐 것 4. 절차(위원회 직권 또는 당사자 신청)	1. 의의 2. 요건 　(1) 신청요건 　　① 정지 대상인 처분 등이 존재할 것 　　② 적법한 심판청구가 계속될 것 　(2) 본안요건 　　① 중대한 손해 예방 필요성 　　② 긴급한 필요 　　③ 공공복리에 중대한 영향을 미치지 않을 것 　　④ 본안이 이유 없음이 명백하지 아니할 것 3. 대상 및 절차(직권 또는 신청) 　처분의 효력, 집행 또는 절차의 속행 전부 또는 일부를 　대상으로 한다. 4. 효력(형성력) 및 취소(사유소멸 시 취소)	1. 고지제도의 의의 및 근거(행정심판법 제58조) 　행정심판 청구가능 여부, 심판청구 절차, 청구기간 등 　행정심판의 제기에 필요한 사항 고지 2. 고지의 성질(비권력적 사실행위) 3. 직권에 의한 고지(행정심판법 제58조 제1항) 　(1) 고지의 대상(처분) 및 상대방(처분의 상대방) 　(2) 고지의 내용 　　행정심판 청구가능 여부 및 절차와 청구기간 　(3) 고지의 방법(문서 또는 구술) 4. 청구(신청)에 의한 고지(행정심판법 제58조 제2항) 　① 이해관계인 요구 시에는 ② 행정심판 대상인지 여 　부 및 심판청구기간을 알려주어야 한다(서면으로 요청 　한 경우에는 서면으로 회신). 5. 불고지 또는 오고지의 효과 　(1) 불고지(처분이 있은 날부터 180일 적용) 　(2) 오고지 　　90일보다 길게 고지한 경우 → 해당 기간 　　90일보다 짧게 고지한 경우 → 90일 　(3) 불고지와 오고지는 처분의 효력에 영향을 주지 않 　는다.

감정평가 및 보상법규

서·브·노·트 및 개·념·노·트

문제풀이 쟁점찾기 도해연습도

1. 쟁점찾기 (개별법/행정법)

개별법 사실관계를 기초한 경우

① 물음이 행정법 쟁점인지?

개별법　　　행정법

　　　　　↓

　　　　행정법 쟁점으로 이동

② 조문쟁점인지 판례쟁점인지

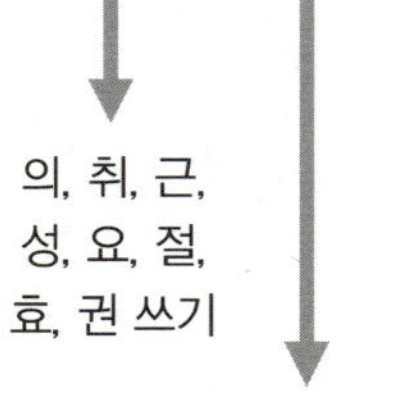

의, 취, 근,
성, 요, 절,
효, 권 쓰기

기본 조문내용 쓰고 관련된 판례 추가해 주기

③ 판례해결에 따라 포섭 및 비판

2. 조문쟁점인 경우

법 조문은 목적이 있기 때문에 만들어진다.
그 목적이 법이 향유하고자 하는 효력이다.
효력을 발생시키기 위해서는 요건이 필요하다.
요건은 주체, 절차, 형식, 내용으로 구분된다.
요건이 충족되지 못한 효력발생으로 침해가 발생된다면 구제해 주는 것이 합당하다.

구제해 주기 위해서 행정법원으로 갈지, 민사법원으로 갈지를 정해야 하는데 침해행위의 법적 성격에 따라 어느 법원으로 갈지가 결정되게 된다.

이러한 과정을 요약하면 아래와 같은 목차가 도출된다.

1. 의의 및 취지(근거규정)
2. 법적 성질
3. 요건
4. 절차
5. 효과
6. 권리구제(불복방법)

상기 1~6까지를 기본목차대로 법조문을 서술하면 된다.

만약 관련된 판례가 있다면 기본이론 서술 후 해당 부분에 해당 판례를 추가해 주면 된다.
판례 추가 양식은 아래처럼 하면 용이하다.

예 3. 요건
　　(1) 법 00조 요건
　　(2) 관련 판례의 태도

* 행정법과 개별법이 혼용된 경우

행정법 쟁점과 개별법 쟁점이 혼용되는 경우 개별법의 위치를 잘 이해하면 길이 보인다.
개별법은 요건과 효력에 집중되어 있으므로, 행정구제에서 본안판단 대상으로서 위법성 판단의 기준이 된다.
요건을 갖춘 경우는 적법하고, 요건을 갖추지 못하면 위법하게 된다.

개별법 도해도

헌법 제23조 제3항 : 공공필요에 의한 재산권의 수용·사용 또는 제한 및 그에 대한 보상은 법률로 하되, 정당한 보상을 지급하여야 한다.

1. 공익사업을 위한 토지 등의 취득 및 보상에 관한 법률

① 협의취득 및 수용취득

i) 계약(협의)　　ii) 강제
　　　　　　　　　: 소유권 강제이전

사업인정
↓
협의
↓
재결
↓
보상금지급
소유권이전

② 정당보상 실현 : (표준지)공시지가 기준 원칙

2. 부동산가격공시에 관한 법률
: 부동산의 적정가격 공시목적

표준지공시지가 → 감정평가법인등이 평가
개별공시지가
표준주택가격
개별주택가격
공동주택가격
비주거용일반부동산가격 (표준 및 개별)
비주거용집합부동산가격

3. 감정평가 및 감정평가사에 관한 법률

감정평가기준
감정평가보고서
감정평가자격취득
감정평가사의 권리와 의무 및
책임 등

토지보상법 강제취득절차 시 사업시행자 및 피수용자의 권리와 의무 흐름

구분	사업의 준비	사업인정	조서작성	재결
사업시행자	타인토지출입권(제9조) 장해물제거권(제12조) 증표제시의무(제13조) 토지출입손실보상(제9조)	사업인정신청권(제20조) 협의성립확인신청권(제29조) 재결신청권(제28조) 사업인정실효손실보상(제23조) 사업인정폐지변경손실보상(제24조) 재결신청청구의무(제30조) 확장수용청구권(제75조)	조사권(제27조)	대행청구권(제44조) 대집행(제89조) 원시취득권(제45조) 행정쟁송권(제83조 및 제85조) 위험부담의무(제46조) 보상금지급의무(제40조) 원상회복의무(제48조)
피수용자	토지출입손실보상청구권(제9조) 장해물제거손실보상청구권(제12조) 토지출입수인의무(제11조)	사업인정 시 의견제출권(제21조) 재결신청 시 의견제출권(제31조) 재결신청청구권(제30조) 토지보전의무(제25조) 확장수용청구권(제72조 및 제74조)	이의부기권(제27조)	목적물인도이전의무(제43조) 환매권(제91조) 원상회복반환청구권(제48조) 행정쟁송권(제83조 및 제85조)

01일차 수용관계와 수용의 법률관계

이해 : 법률관계의 내용(권리와 의무관계)
개념암기	공공적 사용수용의 개념이해가 요구되며, 수용관계의 권리와 의무(= 법률관계)의 각 조문의 유기적인 흐름을 이해해야 한다.

개념암기	공공적 사용수용	공용수용 법률관계(권리와 의무관계)
공용부담 물적 공용부담 공용수용 공공적 사용수용 부대사업 공용수용의 당사자 공용수용의 주체 피수용자 토지소유자 관계인	**1. 의의 및 취지** 사인에 의한 공용수용으로 ① 공행정의 민간화, ② 민간활력 도입, ③ 사업의 확대 도모 **2. 인정 여부** (1) 학설 　① 긍정설(사업주체를 국가로 한정 X) 　② 부정설(수용은 국가만 가능) (2) 판례 　공익사업은 사업의 성질, 목적에 의하여 결정할 것이고, 사업주체 여부에 의하여 정할 것은 아니라고 하여 사인의 사용수용을 인정하고 있다. (3) 검토(긍정) 　공익을 위한 것으로서 사업주체를 국가로 한정 X **3. 법적 성질** ① 공행정의 민간화라는 점에서 공법상 대리로 볼 수 있고, ② 수용권 측면에서 수용의 본질이 재산권 취득인바 공용수용으로 볼 수 있다. **4. 요건**(① 공공성, ② 법적 근거, ③ 손실보상) **5. 계속적 공익실현을 위한 보장책** ① 토지보상법상 환매권 및 사업의 실효 및 폐지 규정, ② 개별법령상 감독명령 및 벌칙규정 등, ③ 부관 등	**1. 사업시행자** (1) 권리(토지보상법) 　① 타인토지출입권(제9조), ② 장해물제거권(제12조), ③ 사업인정신청권(제20조), ④ 조서작성 시 타인토지출입권(제27조), ⑤ 협의성립확인신청권(제29조), ⑥ 재결신청권(제28조), ⑦ 대행. 대집행청구권(제44조, 제89조), ⑧ 원시취득권(제45조), ⑨ 이의신청 및 행정쟁송권이 있다. (2) 의무(토지보상법) 　① 신분증, 증표제시의무(제13조), ② 타인토지출입 시 손실보상(제9조), ③ 사업인정실효 시 손실보상(제23조), ④ 사업의 폐지, 변경 시 손실보상(제24조), ⑤ 재결신청청구에 응할 의무(제30조), ⑥ 위험부담(제46조), ⑦ 원상회복(제48조), ⑧ 보상금지급의무(제40조)가 있다. (3) 권리의무의 승계(토지보상법 제5조) 　사업시행자 변경 시 권리와 의무는 승계된다. 이는 절차중복을 피하고, 사업의 원활한 시행을 도모, 피수용자의 권리보호에 취지가 인정된다.	**2. 피수용자(토지소유자 및 관계인의 범위)** (1) 피수용자 　① 소유자 : 처분권한이 있는 진실한 소유자 　② 관계인 : 소유권 외의 권리를 가진 자 (2) 권리(토지보상법) 　① 토지출입손해 시, 장해물제거 시 손실보상청구권(제9조, 제12조), ② 재결신청 시 의견을 제시할 수 있는 권리(제31조), ③ 사업인정 시 의견제출권(제21조), ④ 조서작성 시 이의부기권(제27조), ⑤ 재결신청청구권(제30조), ⑥ 환매권(제91조), ⑦ 확장수용청구권(제72조, 제74조 및 제75조의2), ⑧ 원상회복 및 반환청구권(제48조), ⑨ 행정쟁송권이 있다. (3) 의무(토지보상법) 　① 토지점유자등 인용의무(제11조), ② 토지 등의 보전의무(제25조), ③ 인도이전의무(제43조)가 있다. (4) 권리·의무의 승계 　피수용자의 권리와 의무가 승계된다. 단, 사업인정 고시 후 새로운 권리는 승계대상이 아니다. **3. 관계인의 법적 지위** 소유자의 권리 및 의무 + 물상대위권(법 제47조) 및 권리존속청구권(법 제72조, 제74조 및 제75조의2) **Tip** **관계인** 별도의 거래대상이 되는 정착물에 대한 소유권이나 수거, 철거권 등 실질적 처분권을 가진 자도 포함(2008다76112)

02일차　　**목적물**

이해 : 목적물과 확장수용

개념암기	확장수용의 법적 성질(공용수용)과 확장수용의 종류 및 확장수용 거부에 대한 불복수단, 잔여지에 대한 확장수용 거부에 대한 불복을 거부재결 취소소송으로 제기해야 하는지 및 보상금증감청구소송으로 제기해야 하는지 여부, 토지보상법 제75조 지장물의 이전갈음 보상도 특히 유의한다.

수용목적물	목적물과 확장수용	확장수용	
확장수용	1. 토지보상법 제3조	1. 사용토지 완전수용(토지보상법 제72조)	5. 확장수용 청구거부 시 권리구제
잔여지수용	① 토지 및 이에 관한 소유권 외의 권리	사업인정 후 ① 3년 이상 사용, ② 사용으로 인하여 형질변경, ③ 건물이 있는 경우 토지는 사업시행자에게 토지의 매수를 청구하거나, 수용을 청구하는 것	(1) 문제점 보상금증감청구소송의 심리범위에 손실보상의 범위가 포함되는지 여부
완전수용	② 토지와 함께 공익사업을 위하여 필요한 입목, 건물, 그 밖에 토지에 정착된 물건 및 이에 관한 소유권 외의 권리		(2) 이의신청(토지보상법 제83조 제1항)
이전수용	③ 광업권 · 어업권 · 양식업권 또는 물의 사용에 관한 권리	2. 잔여지수용(토지보상법 제74조) 동일한 토지소유자에 속하는 일단의 토지(용도상 불가분) 중 잔여지를 매수 또는 수용청구하는 것	(3) 행정소송 형태 　1) 학설 　　① 항고소송설(보증소는 보상액 다과만 심리) 　　② 보상금증감청구소송설(보상 대상의 포함여부에 따라 손실보상금액 결정)
지대수용	④ 흙 · 돌 · 모래 또는 자갈	3. 이전갈음수용(토지보상법 제75조) 건축물 등은 이전비보상이 원칙이나, ① 이전이 어렵거나 이전으로 종래의 목적으로 사용이 곤란한 경우, ② 이전비가 가격을 넘는 경우 이를 이전에 갈음하여 수용하는 것	③ 손실보상청구소송설(형성권인바 청구소송) 　2) 판례 　　보상가액을 다투는 방법에 의하여 행사할 수 있으며 사업시행자를 피고로 한다.
일단의 토지	2. 확장수용		3) 검토(보상금증감청구소송설) 　　분쟁의 일회적 해결 도모
용도상 불가분	(1) 의의 및 취지 　① 사업의 필요를 넘는 재산권의 수용 　② 피수용자의 권리보호 및 사업의 원활한 시행도모	4. 잔여건축물수용(토지보상법 제75조의2 제2항) 동일한 소유자에게 속하는 일단의 건축물의 일부가 협의에 의하여 매수되거나 수용됨으로 인하여 잔여건축물을 종래의 목적에 사용하는 것이 현저히 곤란할 때에는 그 건축물소유자는 사업시행자에게 잔여건축물을 매수하여 줄 것을 청구하는 것	(4) 민사소송 가능 여부 기업자를 상대로 하여 민사소송으로 잔여지에 대한 보상금의 지급을 구할 수는 없다.
	(2) 확장수용의 법적 성질 　① 사법상 매매설(피수용자와의 합의) 　② 공용수용설(본질은 수용) 　③ 공법상 특별행위설(필요 최소한도 범위 외)		(5) 관련문제(지연손해금)
	(3) 판례 잔여지수용청구권은 그 요건을 구비한 때에는 토지수용위원회의 조치를 기다릴 것 없이, 청구에 의하여 수용의 효과가 발생하므로 이는 형성권적 성질을 갖는다고 판시한바 공용수용설의 입장이다.		
	(4) 검토(공용수용설)		

03일차　목적물

이해 : 목적물과 확장수용			
개념암기	확장수용의 법적 성질(공용수용)과 확장수용의 종류 및 확장수용 거부에 대한 불복수단, 잔여지에 대한 확장수용 거부에 대한 불복을 거부재결 취소소송으로 제기해야 하는지 그리고 보상금증감청구소송으로 제기해야 하는지 여부, 토지보상법 제75조 지장물의 이전갈음 보상도 특히 유의한다.		

잔여지	**사용하는 토지의 수용(토지보상법 제72조)**	**잔여지 수용(토지보상법 제74조)**	**잔여지 감가보상(토지보상법 제73조)**
종래목적	1. 의의 및 요건 　① 3년 이상 사용, ② 형질변경, ③ 건물이 있는 경우 매수 및 수용청구 가능 2. 성질(공용수용) 3. 효과 및 불복 　① 수용(원시취득) 　② 이의신청(제83조) 및 행정소송(제85조) **Tip** **무단사용의 경우 적용 여부** 적법한 사용의 경우에만 수용청구가 가능하다. 사업시행자가 무단으로 사용하고 있는 경우에는 손해배상으로 부당이득을 구할 수 있으나, 3년 이상 무단으로 사용해 왔음을 이유로 수용청구를 할 수는 없다.	1. 의의 및 취지(피수용자의 권리보호) 2. 성질(공권, 형성권, 공용수용) 3. 요건 　(1) 토지보상법 시행령 제39조 　　① 건축불가한 대지(면적 협소, 부정형 등) 　　② 영농곤란(농기계 진입 어려움, 부정형 등) 　　③ 교통두절로 인한 사용 및 경작 불능 　　④ 기타 종래 목적대로의 사용이 현저히 곤란 　(2) 구체적 의미 　　① 종래의 목적 : 취득 당시의 현실적인 이용상황 　　② 사용하는 것이 현저히 곤란한 때 : 물리적, 사회적, 경제적으로 사용하는 것이 곤란하게 된 경우 (이용을 위해 많은 비용이 소요되는 경우 포함) 4. 절차 　(1) 협의 및 수용청구 　　① 협의취득 시 사업시행자에게 매수청구 　　② 수용취득 시 사업시행자에게 매수청구 → 매수 거부 시 수용청구[공사완료일까지(제척기간)] 　(2) 수용청구 의사표시의 상대방 　　토지수용위원회(권한부여 시 사업시행자 가능) 5. 효과 및 불복 　① 사업인정 및 사업인정고시 의제, 원시취득, 환매권, 손실보상의무 발생 　② 이의신청 및 보증소	1. 의의 및 취지 2. 요건 및 절차 　① 일부 편입 및 잔여지 가치하락 　② 사업완료일로부터 1년 이내 청구 3. 보상액 산정 　① "편입 전 – 편입 후"(가격 상한) 　② 공사비용(통로, 구거 등 공사비) 　③ 사용 및 교환가치의 하락 포함(장래이용가능성 및 거래용이성 등 고려) 4. 잔여지 가치손실에 대한 보상청구권의 발생시기 및 지급시기 　(1) 잔여지 손실 발생시점 　　획지 및 접근조건 변화, 시설 운영으로 인한 손실 등 다양한 원인이 있기에 실제 손실이 발생된 시점에 잔여지 가치하락이 발생된 것으로 봄. 　(2) 지급의무 발생시점 　　다양한 원인으로 구체적인 손실이 현실적으로 발생하였을 때부터 손실보상금 지급의무가 발생함. 5. 잔여지 가치손실보상금 미지급에 따른 지연손해금 지급의무 발생시점 　잔여지 손실에 대한 이행청구 다음 날부터 발생 6. 권리구제(재결전치주의 적용) 　이의신청 및 보증소 불복가능

이해 : 목적물과 확장수용	
개념암기	확장수용의 법적 성질(공용수용)과 확장수용의 종류 및 확장수용 거부에 대한 불복수단, 잔여지에 대한 확장수용 거부에 대한 불복을 거부재결 취소소송으로 제기해야 하는지 및 보상금증감청구소송으로 제기해야 하는지 여부, 토지보상법 제75조 지장물의 이전갈음 보상도 특히 유의한다.

잔여지	**잔여지 매수청구와 잔여지 가격감소의 관계**		
종래목적	판례는 토지보상법 제74조에 따른 잔여지 수용청구와 제73조에 따른 잔여지 가격감소로 인한 손실보상청구는 논리적으로 양립할 수 없는 청구로서 선택적 병합은 허용되지 않는다고 하였다(예비적 병합은 가능).		

판례는 토지보상법 제74조에 따른 잔여지 수용청구와 제73조에 따른 잔여지 가격감소로 인한 손실보상청구는 논리적으로 양립할 수 없는 청구로서 선택적 병합은 허용되지 않는다고 하였다(예비적 병합은 가능).

1. 선택적 병합

원고가 여러 개의 청구를 하면서 그중 하나가 인용될 것을 해제조건으로 하여 다른 청구에 대하여도 심판을 요구하는 것을 말한다. 하나의 동일한 목적을 달성하기 위하여 복수의 청구권이 성립하는 경우 가능하고 그 청구들은 양립이 가능하고 청구취지는 하나이다.
(예 손해배상 및 손실보상청구)

2. 예비적 병합

양립할 수 없는 여러 개의 청구를 하면서 주위적 청구가 기각·각하될 때를 대비하여 예비적 청구에 대하여 심판을 구하는 것을 말한다.
(예 잔여지 매수 및 잔여지 감가보상, 무효확인소송 및 취소소송)

04일차 목적물

이해 : 목적물과 확장수용 및 공물의 수용가능성

개념암기	확장수용의 법적 성질(공용수용)과 확장수용의 종류 및 확장수용 거부에 대한 불복수단, 잔여지에 대한 확장수용 거부에 대한 불복을 거부재결 취소소송으로 제기해야 하는지 그리고 보상금증감청구소송으로 제기해야 하는지 여부, 토지보상법 제75조 지장물의 이전갈음 보상도 특히 유의한다.

잔여건축물	이전갈음수용(법 제75조)	잔여건축물 수용 및 사용(법 제75조의2)	공물의 수용가능성

이전갈음수용(법 제75조)

1. 의의 및 요건(절차)
   ① 이전이 어렵거나 종래 목적대로 사용 곤란
   ② 이전비가 가격을 넘는 경우 사업시행자가 수용재결 신청(이전비란 대상물건의 유용성을 유지하면서 이를 사업구역 밖으로 이전하는데 소요되는 비용을 의미한다. 이전이 곤란하다는 것은 물리적인 곤란뿐만 아니라 사회, 경제적으로 곤란한 경우 역시 포함된다.)

2. 법적 성질(공용수용)

3. 구제절차
   토지보상법 제83조(이의신청) 및 제85조(보증소)

Tip

이전비보상과 소유권 취득 등
이전비 갈음 가격보상의 경우는 보상 목적이 소유권 취득이 아니기에 소유권은 이전되지 않는다. 이 경우 사업시행을 위한 철거의무는 사업자가 부담하고, 피수용자는 사업시행자에게 지장물을 인도이전해야 할 의무가 인정된다.
실무상 가격으로 보상한 경우 그 목적이 소유권 이전이라면 "수용재결"을 하고 그 목적이 수유권 이전이 아니라면 "이전재결"을 한다.

Tip

사업시행자가 이전에 소요되는 실제 비용에 못 미치는 물건 가격으로 보상한 경우 물건의 소유권을 취득하는 것은 아니며, 지장물 소유자에 대하여 철거 및 토지의 인도를 요구할 수 없고 단지 자신의 비용으로 이를 직접 제거할 수 있을 뿐이다. 이 경우 지장물 소유자는 사업시행자의 지장물 제거와 그 과정에서 발생하는 물건의 가치상실을 수인해야 할 지위에 있다(2010다94960).

잔여건축물 수용 및 사용(법 제75조의2)

1. 의의 및 요건
   동일소유자, 건축물의 일부편입, 잔여건축물만의 이용이 현저히 곤란

2. 절차
   ① 협의취득 시 사업시행자에게 매수청구
   ② 수용취득 시 사업시행자에게 매수청구
      → 매수거부 시 수용청구[공사완료일까지(제척기간)]

공물의 수용가능성

1. 문제점
   ① 용도폐지 여부
   ② 특별한 필요의 허석논의

2. 공물이 수용대상인지 여부
   (1) 학설
      1) 긍정설(공익성이 큰 사업에 수용)
      2) 부정설(제한적 긍정설)
         공용폐지 선행 필요, 특별히 필요한 경우란 법률의 규정이 있는 경우
   (2) 판례
      ① (구)토지보상법 제5조의 제한 이외의 토지에 관하여는 아무런 제한을 하지 않으므로 지방문화재로 지정된 토지와 관련하여 수용의 대상이 된다고 판시한 바 있다.
      ② 공익사업의 시행자가 요존국유림(보전국유림)을 그 사업에 사용할 필요가 있는 경우에 국유림법 등에서 정하는 절차와 방법에 따르지 않고, 이와 별개로 토지보상법에 의한 재결로써 요존국유림의 소유권 또는 사용권을 취득할 수는 없다고 봄이 타당하다.
      ③ 〈헌법재판소〉는 해당 규정은 공익 또는 수용권의 충돌문제를 해결하기 위한 규정으로 특별한 필요가 있는 경우에는 예외적으로 수용의 목적물이 될 수 있다고 하였다.
   (3) 검토(제한적 긍정설)

3. 특별한 필요판단(비례의 원칙)
   적합성, 필요성, 상당성의 원칙

Tip

이미 공익사업에 제공되고 있는 경우 공익간 충돌을 어떻게 해결할 것인가의 문제이다. 풍납토성의 경우는 보존공물로 볼 수 있으며 이에 대한 복원사업은 보존공익과 공익목적이 동일하여 수용가능성 여부는 해당 사업 자체의 공익필요성과 사익재산권 침해를 비례원칙으로 비교하면 될 것이다.

이해 : 목적물과 확장수용 및 공물의 수용가능성	
개념암기	확장수용의 법적 성질(공용수용)과 확장수용의 종류 및 확장수용 거부에 대한 불복수단, 잔여지에 대한 확장수용 거부에 대한 불복을 거부재결 취소소송으로 제기해야 하는지 및 보상금증감청구소송으로 제기해야 하는지 여부, 토지보상법 제75조 지장물의 이전갈음 보상도 특히 유의한다.

잔여건축물	지장물 관련 판례	

1. 이전비 보상과 소유권 취득

이전가능 여부를 판단하고 이전비와 취득가격을 비교하여 이전비 보상 및 취득가격 보상을 결정하여야 한다. 판례는 이전가능성에 대한 아무런 검토 없이 취득가액 범위 내에서 이전비용으로 평가한 감정평가법인 및 감정원의 평가는 잘못이고, 이 보상액에 기초한 이의재결은 위법하다고 판시하였다.

이전에 소요되는 실제 비용에 못 미치는 물건의 가격으로 보상한 경우, 수용절차를 거치지 아니한 이상 물건의 소유권까지 취득한다고 보기는 어렵고, 지장물의 소유자에 대하여 철거를 요구할 수 없고 자신의 비용으로 직접 이를 제거할 수 있을 뿐이며, 지장물 소유자로서도 지장물 제거와 그 과정에서 발생하는 물건의 가치 상실을 수인하여야 한다고 판시하였다.

토지보상법 제75조 제5항은 동조 제1항 제1호, 제2호에 해당하는 경우 관할 토지수용위원회에 수용재결을 신청할 수 있다고 규정한다.

소유권 취득을 위해서는 수용재결을 신청해야 한다.

2. 사업인정고시와 건축허가

사업인정고시 전에 건축허가를 받았다 하더라도 기득권이 인정되지 않는다. 건축을 계속하기 위해서는 별도의 허가를 받아야 한다.

3. 수목 지장물

판례는 수목의 이식비용을 산정할 때, 수목 1주당 가액을 산정기준으로 대량의 수목을 이식하는 경우, 규모의 경제원리에 따라 이식비용을 감액할 수 있다고 하였다. 그러나 고손액은 이식비용과는 성격이 다른 것으로서 규모의 경제원리에 따라 감액할 수 없다고 판시하였다. 토지 위에 식재된 입목은 토지의 부합물이기에 명인방법 내지는 토지소유자와의 합의 등이 없으면 토지소유자에 속한다고 본다.

4. 투기목적의 지장물

사업인정고시 전에 설치된 지장물이라 할지라도 통상의 물건 이용에 기여하지 못하고 투기목적으로 설치된 경우에는 특별한 희생에 해당되지 않는다고 본다.

05일차   수용의 보통절차

이해 : 사업의 준비(타인토지출입등)

개념암기	타인토지출입과 장해물 제거의 법적 성질과 이에 대한 불복수단 정리가 핵심이다.

공익사업의 준비	타인토지출입	장해물 제거	
장해물의 제거			

타인토지출입

1. 의의 및 성질
   타인토지출입, 측량, 조사

2. 절차
   허가, 5일 전 통지, 증표휴대

3. 효과
   ① 토지점유자 인용의무(토지보상법 제11조)
   ② 측량조사로 인한 손실보상청구권(토지보상법 제9조 제4항)
   ③ 사용기간 만료 시, 반환 및 원상회복의무 발생 (토지보상법 제48조)
   ④ 허가 없이 출입하거나, 측량조사 행위를 방해한 경우에는 200만원 이하 벌금(토지보상법 제97조)

4. 실력행사의 가부
   ① 긍정설(제재규정)
   ② 부정설(과도한 권익침해)

5. 위법한 측량·조사에 따른 사업인정의 효력
   ① 긍정설(적법절차 준수)
   ② 부정설(조사와 후행처분은 별개의 행위)
   ③ 판례(위법한 세무조사에 기초한 부가세 부과처분은 위법)

6. 권리구제
   (1) 행정쟁송(출입조사행위는 권력적 사실행위)
   (2) 손해전보(손실보상 및 손해배상)

장해물 제거

1. 의의 및 성질
   장해물 제거 및 시굴 등, 공용제한 중 사업제한

2. 절차
   ① 토지소유자 및 점유자의 동의(미동의 시 지방자치단체 허가) 후 장해물 제거
   ② 소유자 및 점유자에게 3일 전 통지, 증표나 허가증 휴대

3. 효과
   ① 손실보상청구권(토지보상법 제12조 제4항)
   ② 사용기간 만료 시 반환 및 원상회복(토지보상법 제48조)
   ③ 행정쟁송권
   ④ 동의나 허가 없이 장해물을 제거한 자는 1년 이하의 징역 또는 1천만원 이하의 벌금(토지보상법 제95조의2)

Tip

타인토지 출입 손실보상 규정 준용 → 제9조 재결
장해물 제거(제12조)
사업인정의 실효(제23조)
사업인정의 폐지변경(제24조)
토지물건 조사권(제27조)
천재지변 시 토지사용(제38조)
재결의 실효(제42조)
잔여지 손실(제73조)
잔여건축물 손실(제75조의2)

06일차 　수용의 보통절차

이해 : 사업인정 전후 협의의 비교 및 협의성립확인제도 취지

개념암기	사업인정 전후 협의와 협의성립확인의 성질과 불복수단을 구분하여 이해하고 협의성립확인의 효과(재결처분으로 전환)를 집중 이해한다.

협의			
협의성립확인	**사업인정 전 협의**	**사업인정 후 협의**	**협의성립확인**

사업인정 전 협의

1. 의의 및 필수적 절차인지 여부(토지보상법 제16조)
   쌍방의 의사합치, 임의적 절차
2. 법적 성질
   (1) 공법상 계약설(수용절차 예정)
   (2) 사법상 계약설(당사자 간 사법상 매매)
   (3) 판례(사법상 매매행위)
   (4) 검토(공법상 계약 또는 사법상 계약)
3. 협의절차
   (1) 토지조서・물건조서의 작성(토지보상법 제14조)
       조서작성 후 서명날인(사업자 및 피수용자 등)
   (2) 보상계획의 공고・열람 등(토지보상법 제15조)
       ① 14일 이상 일반인 열람
       ② 20인 이하인 경우에는 공고생략 가능
   (3) 협의 및 계약의 체결
       30일 이상 협의기간, 성실한 협의, 계약체결
4. 협의의 효과(계약효과, 승계취득)
5. 권리구제
   (1) 공법상 계약 → 공법상 당사자소송
   (2) 사법상 계약 → 민사소송
6. 관련문제(정당보상 실현)

사업인정 후 협의

1. 의의 및 취지
   의사합치, ① 최소침해요청, ② 사업의 원활한 진행,
   ③ 피수용자의 의견존중 취지
2. 필수적 절차인지
   사업인정 전 협의 및 조서변동 없으면 생략가능
3. 법적 성질
   (1) 견해의 대립(사법상 계약 및 공법상 계약)
   (2) 판례(사법상 계약)
   (3) 검토(사법상 계약 또는 공법상 계약)
4. 협의성립 절차 등
   (1) 절차(30일 이상 성실한 협의)
   (2) 내용(시행령 제8조)
       ① 목적물 범위 및 취득시기와 계약의 해지・변경
         시에 보상액 반환 및 원상회복에 관한 사항 약정
       ② 협의 불성립 시 협의경위서 작성
5. 협의성립 및 불성립의 효과
   성립 시 승계취득, 불성립 시 재결신청(청구)권
6. 협의에 대한 불복
   (1) 협의성립확인 전(민사소송 및 당사자소송)
   (2) 협의성립확인 후 확인에 대한 항고소송 후 협의내
       용에 대한 다툼소송(민사소송 및 당사자소송)
7. 관련문제
   재결 후 "① 협의계약 체결가능, ② 위험부담 이전"

협의성립확인

1. 의의 및 취지(토지보상법 제29조)
   ① 계약불이행 위험 방지
   ② 사업의 원활한 진행
2. 법적 성질(확인 및 공증)
3. 절차
   (1) 일반적 절차(토지보상법 제29조 제1항)
       피수용자의 동의 후 토지수용위원회에 신청, 14일
       이상 열람 및 확인
   (2) 공증에 의한 확인절차(토지보상법 제29조 제3항)
       공증 후 토지수용위원회에 확인신청, 토지수용위원
       회의 수리(진정한 소유자의 동의 없는 공증에 대한
       수리는 위법)
4. 협의성립확인의 효력
   (1) 재결효력 및 차단효 발생(협의 내용 확정)
   (2) 불가변력 및 확인의 실효(보상금 미지급 시)
5. 불복절차
   (1) 협의성립확인의 경우
       재결로 간주되어 토지보상법 제83조 및 제85조에
       따른 이의신청 및 행정소송 가능
   (2) 협의 자체에 불복 시
       확인에 대한 항고소송 후 협의내용에 대한 다툼 소
       송(민사소송 및 당사자소송)

－ 법적 성질(사법상 계약, 공법상 계약) 구별실익

구분	사법	공법
적용법규	민법	행정법
불복수단	민사소송	항고소송, 당사자소송

－ 사업인정 전협의와 후협의의 차이점

구분	전협의	후협의
법적 성질	사법상 계약	공법상 계약
필수절차 여부	×	○(생략가능)
법§29 가능성	×	○
성립효과	승계취득	승계취득(확인 시 원시취득)
불성립효과	사업인정 신청	재결신청(청구)
공공성 판단	공공성 판단 전	공공성 판단 후
권리구제	민사소송	당사자소송

－ 사업인정 후협의 성립의 효과
  손실보상청구권, 환매권, 협의성립확인권, 승계
  취득

※ 후협의 위험부담(제46조), 실효(제42조) 유추적
  용 可

이해 : 사업인정[사업인정에 대한 법적 성질, 요건, 효과(실효) 및 권리구제 수단이 쟁점임]

| 개념암기 | 사업인정의 법적 성질 검토 시 사업인정 고시의 법적 성질도 함께 체크하고, 사업인정에 대한 불복수단은 침해 대상자가 사업시행자인지 피수용자인지 관계인인지에 따라 상이할 수 있으므로 이를 명확하게 구분해야 한다. |

사업인정

사업인정

1. 의의 및 취지(토지보상법 제20조)
   수용 또는 사용할 사업으로 결정하는 것
   ① 공익성 판단, ② 수용행정의 적정화 등

2. 법적 성질
   (1) 처분성(형성행위 : 수용권설정, 보전의무 등)
   (2) 재량행위성(이익 형량)
   (3) 제3자효 행정행위
   (4) 고시의 법적 성질(특허)

3. 사업인정의 요건
   (1) 주체(국토교통부장관)
   (2) 내용(공익성, 시행자의 의사와 능력)
   (3) 절차
       ① 행정기관의 장 및 시·도지사와의 협의
       ② 중앙토지수용위원회와의 협의(동의 및 승인)
       ③ 이해관계인의 의견청취
       ④ 통지 및 고시
          (의제사업 : 중토위 협의 및 이해관계인 의견청취)
   (4) 형식(통지 및 고시)

4. 사업인정(고시)의 효력(고시한 날부터 효력발생)
   (1) 토지수용권 발생
   (2) 수용목적물 확정(세목고시)
   (3) 토지 등의 보전의무(토지보상법 제25조 제1항)
   (4) 토지, 물건의 측량, 조사권 발생
   (5) 관계인의 범위 확정
   (6) 조서의 작성 의무

5. 사업인정의 효력소멸
   (1) 재결신청기간 해태로 인한 실효(토지보상법 제23조)
       사업인정 후 1년 이내 재결 미신청
   (2) 폐지·변경에 의한 실효(토지보상법 제24조)
   (3) 효력소멸에 대한 권리구제
       손실보상 및 실효확인소송

6. 사업인정과 권리구제
   (1) 사업시행자 입장에서의 권리구제
       ① 사업인정신청 거부 / 부작위에 대한 행정쟁송
       ② 부관부사업인정의 부관에 대한 행정쟁송
       ③ 예방적 금지소송 및 가처분의 가능 여부
       ④ 사업인정 취소재결에 대한 권리구제
          제3자인용재결의 경우 재결고유하자 인정
   (2) 피수용자 입장에서의 권리구제
       ① 사전적 권리구제(의견제출 절차참여)
       ② 사후적 권리구제(행정쟁송 및 손해전보)
   (3) 제3자 입장에서의 권리구제(행정쟁송)

7. 관련문제
   (1) 사업인정의 구속력(사업인정에 반하는 재결 X)
   (2) 하자승계
   (3) 재결과의 관계
       ① 사업인정 취소 시 재결효력 소멸
       ② 수용재결 취소 시 사업인정 당연소멸 X

Tip

* 세목고시 누락이 절차상 하자인지
과거 판례는 세목고시 누락을 절차상 하자로 본 바 있으나 사업인정의 효력요건으로 세목고시가 있기에, 세목고시가 누락된 항목은 사업인정의 효력이 발생되지 않는다고 보아야 할 것이다.

사업인정 의제

1. 개념 및 취지
   개별법상 실시계획의 승인 등을 사업인정으로 의제하는 특례로써 신속한 사업수행에 취지가 있음.
2. 인·허가 의제의 근거 및 대상
   토지보상법 제4조 및 제4조의2에서는 토지 등을 수용하거나 사용할 수 있는 사업을 규정하고 있음.
3. 효력(사업인정 의제효력)
4. 문제점 및 개선안
   (1) 공공성 판단
       ① 개별법상 공익형량과정 부재
       ② 토지보상법에서 의제되는 사업에 대해 중토위와의 협의를 규정하여 보완함.
   (2) 사업기간의 장기화
       ① 개별법상 공사완료일까지 재결신청이 가능함.
       ② 법률관계의 조속한 확정을 위해 재결신청기한 단축 검토 필요

– 공익성 검토(공익사업 판단기준)

구분		항목	평가기준
형식적 심사		수용사업 적격성	법 제4조 해당 여부
		사전절차 적법성	사업시행절차, 의견수렴절차 준수 여부
실질적 심사	사업의 공공성	시행목적 공공성	주된 시설의 종류(국방, 군사 등)
		사업의 공공기여도	공공시설 비율, 공적귀속장치(기부채납)
		사업시행자 유형	국가/지자체/공공기관/민간 여부, 국가/지자체 출자비율
		목적 및 상위계획 부합 여부	주된 시설과 입법목적 부합 여부, 상위계획 내 사업추진여부
		공익의 지속성	완공 후 관리주체 및 소유권 귀속 대상
		시설의 대중성	시설의 개방성(이용자 제한 여부), 접근의 용이성(유료 여부)
	수용의 필요성	피해의 최소성	공사익 침해 최소화
		방법의 적절성	사전토지 확보 비율, 분쟁제기 여부, 분쟁완화 노력
		사업의 시급성	공익실현 위한 긴급성, 정부핵심과제 등
		사업수행능력	사업재원 확보비율, 보상업무 수행능력

www.pmg.co.kr

08일차　수용의 보통절차_(조서작성)

이해 : 조서작성 및 토지수용위원회

개념암기	조서작성은 원칙적으로 비권력 사실행위인 행정조사에 해당된다. 조서작성을 위한 타인토지출입 조사행위는 수인의무를 발생시키는 권력적 사실행위이기에 항고소송에 의한 구제가능성 여부를 중심으로 정리한다.

조서작성	조서작성		토지수용위원회
토지수용위원회	1. 의의 및 취지(토지보상법 제27조) 　① 수용 또는 사용할 토지 및 물건의 목록 　② 분쟁예방 및 신속한 재결절차 진행 도모 2. 법적 성질 　① 타인토지출입 조사(권력적 사실행위) 　② 조서작성행위(비권력적 사실행위) 3. 내용 　① 출입허가 없이 측량 및 조사가능(토지보상법 제27조 제1항), ② 인용의무(토지보상법 제11조), ③ 용지도 작성 및 조서작성, ④ 토지소유자 및 관계인 서명 또는 날인 4. 토지조서 및 물건조서의 효력 　(1) 진실의 추정력(토지보상법 제27조 제3항) 　(2) 하자 있는 조서의 효력 　　1) 내용상 하자 있는 조서의 효력(추정력 부정) 　　2) 절차상 하자 있는 조서의 효력 　　　조서효력 미발생, 단 추인 시 효력인정 　(3) 하자 있는 조서가 재결에 미치는 효력 　　1) 학설 　　　① 하자 있는 조서에 기초한 재결은 위법 　　　② 재결은 적법(조서에 구속되지 않음) 　　2) 판례 　　　① 내용상 하자 있는 조서에 기초한 재결은 위법 　　　② 절차상 하자만으로 재결의 당연무효 주장 X 　　3) 검토(판례 타당)	5. 권리구제 　(1) 조서작성행위(처분성 부정) 　(2) 토지출입행위(권력적 사실행위, 처분성 긍정) 　(3) 손해전보(손해배상 및 손실보상) 6. 실력행사 가능성 　조사 거부 및 방해 시 실력행사 부정	1. 의의 및 성격(준사법적 합의제 행정기관) 　수용재결 및 사용재결 등을 행하는 행정기관 2. 종류 및 관할의 범위 　(1) 중앙토지수용위원회(국토교통부에 두며) 　　① 국가 또는 시·도가 사업시행자인 경우 　　② 2 이상의 시·도에 걸쳐 있는 사업 　(2) 지방토지수용위원회(시·도에 두며) 　　중앙토지수용위원회 이외의 사업 3. 토지수용위원회의 구성 및 회의 등 　(1) 중앙 및 지방토지수용위원회(각 20명 이내) 　　① 위원장은 국토교통부장관 및 시·도지사 　　② 과반수 출석 및 출석위원 과반수 찬성의결 　(2) 위원의 제척·기피·회피(이해관계 있는 경우) 　(3) 벌칙 적용에서 공무원 의제(토지보상법 제57조의2) 4. 재결사항(토지보상법 제50조) 　(1) 재결내용 　　① 수용·사용 토지의 구역 및 사용방법, ② 손실보상, ③ 수용·사용의 개시일과 기간, ④ 손실보상 증액재결 가능 　(2) 재결서의 구체성(사용재결 관련 판례) 　　사용할 토지의 위치와 면적, 권리자, 손실보상액, 사용 개시일 외에 사용방법, 사용기간을 상대방이 이해할 수 있도록 구체적으로 특정해야 함.

09일차　수용의 보통절차_(재결신청청구)

이해 : 재결신청청구권

개념암기	토지보상법은 사업시행자에게만 재결신청권을 부여하였고, 이에 대한 형평성을 도모하고자 지연가산금제도를 규정하였다. 지연가산금과 관련하여 기산일이 문제될 수 있고, 보상대상이 아니라고 하여 재결신청을 거부하거나 신청에 대한 부작위가 있는 경우 권리구제수단이 문제된다.

재결	
재결신청청구권	

재결신청청구권

1. 의의 및 취지(토지보상법 제30조)
사업인정 후 협의불성립 → 조속한 재결신청요청
① 수용법률관계의 조속한 안정 및 ② 재결신청지연으로 인한 피수용자의 불이익 방지목적

2. 사업시행자에 대한 재결신청권한의 타당성
사업의 원활한 시행 및 장기화 방지측면에서 타당

3. 성립요건
(1) 신청인(피수용자) 및 청구형식(서면)
(2) 청구기간
　1) 원칙(협의기간 만료일 ～ 사업인정 실효일)
　2) 예외
　　① 협의기간 내 협의불성립 또는 불능 시
　　② 사업인정 후 상당기간이 지나도록 협의통지 없는 경우
　3) 협의기간 연장(사업시행자의 임의 연장 불인정)

4. 재결신청청구의 효과
(1) 재결신청의무(60일 내 재결신청의무 발생)
　청구 예외에 해당하는 경우 상기 "①"의 경우는 협의기간 종료일부터 기산, "②"의 경우는 청구일부터 기산
(2) 지연가산금 지급의무
　① 협의기간 임의연장의 경우는 협의기간 종료일부터 기산
　② 지연가산금 부과기간 중 특별한 사정이 있는 경우(재협의 등)에는 해당 기간만큼의 기간은 제외함.

5. 권리구제
(1) 보상의 대상이 아니라고 하여 거부 또는 부작위한 경우
　1) 수용절차가 개시된 경우
　　① 토지소유자의 재결신청권 불인정
　　② 재결전치주의상 재결 없이는 보상구제 방법 부재
　　③ 거부 또는 부작위에 대한 항고소송인정
　　④ 재결신청청구 요건충족여부는 본안판단 사항임.
　2) 수용절차를 개시하지 않은 경우
　　① 사업인정이 없는 경우는 재결신청권 없음.
　　② 재결을 신청할 신청권이 없기에 항고소송 부정
　3) 수용절차가 종료된 경우
　　① 수용절차가 종료된 경우는 수용개시가 있었음.
　　② 재결신청에 대한 거부나 부작위의 대상적격 인정
　　③ 재결신청은 사업기간 만료일 전까지이므로 기각(보상법은 사업인정고시일부터 1년 내)
(2) 민사소송 가능 여부(판례)
　가산금제도 및 사업인정 실효에 따른 손실보상 등으로 보호되기에 민사소송제기 불가
(3) 지연가산금에 대한 다툼(보상금증감청구소송)

6. 관련문제(재결신청청구제도의 문제점과 개선안)
(1) 토지소유자의 권리보호 우회적
(2) 토지소유자에게 재결신청권 부여 필요

Tip

재결신청청구에 대한 거부나 부작위가 항고소송의 대상인지?

거부나 부작위의 대상은 그 신청이 "공권력 행사"이어야 한다. 재결신청행위는 공권력 행사가 아니다. 재결신청이 공권력 행사인 재결의 신청을 구하는 것이다. 따라서 재결신청에 대한 거부재결은 항고소송의 대상이 된다. 그러나 재결신청은 공권력 행사가 아니기에 재결신청청구에 대한 거부나 부작위는 항고소송의 대상이 될 수 없음이 원칙이다.

그러나, 토지보상법상 재결전치주의를 취하고 있으며, 재결신청은 사업시행자만 할 수 있기에 사업시행자가 보상 대상이 아니라고 하여 재결신청 자체를 이행하지 않은 경우에는 토지보상법상 피수용자 입장에서 재결 및 재결에 대한 불복으로서 보상금증감청구소송을 진행할 수 없기에 권리구제의 길이 막히게 된다.

또한 재결신청이 있으면 토지수용위원회는 재결을 해야 하는 기속성이 있기에 결국 재결신청청구에 대한 거부나 부작위는 재결의 효과를 향유하는 것에 대한 거부나 부작위로 귀결되는 것으로 볼 수 있다.

이러한 점을 종합 고려하여 재결신청청구의 거부나 부작위는 공권력 행사인 재결처분의 거부나 부작위와 동일한 효과를 발생시키는 것으로 보고 거부나 부작위의 개념정의를 충족시킬 수 있을 것이다.

10일차   수용의 보통절차_(재결)

이해 : 재결

개념암기	재결의 효력과 불복수단이 주요 쟁점이며, 재결의 불복수단으로서 보상금증감청구소송의 특수성(소송의 형식, 성격, 피고 등)과 보상대상판단에 대한 기각재결에 대한 소송형식(수단) 등이 주된 쟁점이다. 재결의 효력과 관련하여 대집행도 빈출 쟁점이기에 대집행 대상에 대한 명확한 이해가 요구된다.

	재결		재결의 경정과 유탈 및 화해

재결
화해
재결의 실효
공탁
대행
대집행
인도
이의신청
보증소
	I. 의의 및 취지(공익실현 및 재산권 보호)
	    수용권 실행절차
	
	2. 법적 성질
	   ① 수용효과 발생의 형성처분
	   ② 적법한 신청에 대한 재결의무(기속성)
	   ③ 준사법적 작용 및 공법상 대리
	
	3. 수용재결의 성립
	   (1) 주체(중앙 또는 지방토지수용위원회)
	   (2) 내용(토지보상법 제50조)
	   (3) 절차(공고 – 심리 – 재결)
	   (4) 형식(서면)
	
	4. 재결의 효력
	   (1) 재결의 효력
	     ① 수용재결 시에 손실보상청구권, 담보물권자의
	       물상대위권, 인도이전의무, 위험부담이전
	     ② 수용개시일에 목적물의 원시취득 및 대행·대
	       집행권, 환매권 등 발생
	   (2) 재결의 하자
	     ① 사업시행자의 무단토지사용은 재결위법성과 무관
	     ② 실체적 소유권자의 참여 없는 재결은 위법
	       (당연무효는 아니며, 협의소익이 부정될 수 있음)
	     ③ 수용권 남용(사업자의 의사 및 능력 결여 시)
	     ④ 재결의 내용을 구체적으로 특정하는 등 명확하
	       게 기재하지 않은 경우 위법
		5. 재결의 실효
		   (1) 보상금 지급, 공탁을 안한 경우(토지보상법 제42조)
		     수용·사용 개시일까지 보상금 미지급·미공탁
		   (2) 사업인정이 취소, 변경되는 경우(토지보상법 제24조)
		     보상금의 지급·공탁 이후에는 재결실효 X
		   (3) 재결실효의 효과(손실보상)
		   (4) 관련문제
		     ① 재결의 실효와 사업인정의 효력
		       재결이 실효되어도 재결신청기간 내이면 재차
		       재결신청 가능
		     ② 수용재결의 실효와 이의재결과의 관계
		       이의재결은 위법하지만 절대적 무효는 아님.
		
		6. 재결의 불복
		   (1) 이의신청(토지보상법 제83조)
		   (2) 항고소송(토지보상법 제85조 제1항)
		     수용재결에 대한 취소 또는 무효확인소송
		   (3) 보상금증감청구소송(토지보상법 제85조 제2항)
		     보상재결의 취소 없이 보상금과 관련된 분쟁을 일회
		     적으로 해결하여 신속한 권리구제 도모함.
		
		7. 관련문제
		   (1) 사업인정과 재결의 하자승계
		     양자는 목적이 상이하므로 사업인정의 하자는 재결
		     에 승계되지 아니한다. 다만, 사업인정이 무효인 경
		     우에는 당연 승계된다.
		   (2) 재결 이후 협의취득 가능 여부
		     재결과 협의취득은 각각의 토지취득절차로서 재결의
		     효력이 발생하기 이전이라면 당사자 간 협의에 의한
		     소유권 이전도 가능하다.
			1. 재결의 유탈(토지보상법 제37조)
			   신청의 일부에 대한 재결을 빠뜨린 때 추가재결
			2. 재결의 경정(토지보상법 제36조)
			   (1) 의의 및 취지
			     재결에 명백한 오류(계산, 기재상)가 있는 경우 민
			     사소송의 경정결정제도 인정
			   (2) 내용
			     ① 계산상 또는 기재상의 잘못이 명백한 때
			     ② 토지수용위원회의 직권 또는 당사자의 신청
			     ③ 경정재결은 원재결서 원본과 정본에 부기
			   (3) 경정재결의 효력 및 불복
			     ① 원재결의 일부취소, 재결의 성격(소급효)
			     ② 토지보상법 제83조 및 제85조에 의한 불복
			3. 화해
			   (1) 의의 및 취지(토지보상법 제33조)
			     당사자 간 합의 의사에 의한 분쟁해결을 도모하
			     는 절차로서 임의적 절차이다.
			   (2) 절차
			     1) 화해의 권고
			       토지수용위원회는 그 재결이 있기 전에는 위원
			       3명으로 구성되는 소위원회로 하여금 사업시
			       행자, 토지소유자 및 관계인에게 화해를 권고
			       하게 할 수 있다.
			     2) 화해조서의 작성
			       화해에 참여한 위원, 사업시행자, 토지소유자
			       및 관계인이 서명 또는 날인을 한다.
			   (3) 효력
			     1) 재결의 효력
			       화해조서에 서명 또는 날인이 된 경우에는 당
			       사자 간에 화해조서와 동일한 내용의 합의가
			       성립된 것으로 본다.
			     2) 차단효 발생
			       현행 규정은 없으나 당사자는 그 성립이나 내
			       용을 다툴 수 없는 차단효가 발생하는 것으로
			       보아야 한다.

11일차　수용의 보통절차_(재결불복)

이해 : 재결의 불복

개념암기	재결에 대한 불복수단으로서 이의신청과 행정소송을 정리하되, 행정소송은 수용재결과 보상재결을 구분하여 수용재결에 대해서는 항고소송의 제기가 가능하고 보상재결에 대해서는 보상금증감청구소송이 가능함을 구분해야 한다. 보상금증감청구소송은 형태, 성질, 피고 및 심리범위가 핵심쟁점임.

이의신청	항고소송	보상금증감청구소송
1. 의의 및 성격 　① 수용재결 및 보상재결에 대한 불복 　② 특별법상 행정심판 및 행정심판 임의주의 적용 2. 요건 및 효과 　① 재결서 정본을 받은 날로부터 30일 이내 처분청 경유 　② 사업의 진행 및 토지의 사용, 수용 정지 X 3. 이의신청의 대상 　보상재결 및 수용재결 4. 재결 및 재결의 효력 　① 재결의 전부 또는 일부 취소가능, 보상액 변경가능 　② 보상금 증액 시 재결서 정본을 받은 날부터 30일 이내에 증액된 보상금 지급 　③ 이의재결 확정 시 확정판결이 있는 것으로 본다. 재결서 정본은 판결의 정본과 동일한 효력 **Tip** **토지보상법이 원처분주의를 취하는지** (구)토지수용법은 이의신청의 재결에 대해 불복이 있을 때는 이의재결에 대해 행정소송을 제기할 수 있는 것으로 규정하여 〈재결주의〉를 채택하고 있었다. 그러나 개정된 현행 토지보상법 제85조 제1항은 불복의 대상을 '제34조에 따른 재결' 즉, 수용재결이라 규정하고 있어 〈원처분주의〉를 취하고 있다. 또한 대법원은 수용재결에 불복하여 이의신청을 거친 후 취소소송을 제기하는 경우, 관할 토지수용위원회를 피고로 하여 수용재결의 취소를 구해야 하고, 다만 이의재결 자체에 고유한 위법이 있는 경우에는 중앙토지수용위원회를 피고로 하여 이의재결의 취소를 구할 수 있다고 판시하였다.	1. 의의 및 유형 　① 재결취소소송, ② 무효등확인소송 2. 제기요건 및 효과 　(1) 요건 　　재결서 정본을 받은 날부터 90일 내, 이의재결서 정본을 받은 날부터 60일 내 　　① 관할 토지수용위원회 피고 　　② 원처분(토지보상법 제34조 재결) 대상 　　③ 부동산 및 피고 소재지 행정법원 　(2) 효과(토지보상법 제88조) 　　사업의 진행 및 수용 또는 사용의 효과 정지 X 3. 항고소송의 대상 　수용재결, 이의재결 자체의 고유한 위법이 인정되는 경우는 이의재결 4. 심리 및 판결 　불고불리원칙 및 사정판결 가능 5. 판결의 효력 　① 판결의 내용에 따라 소송당사자 구속 　② 사업시행자가 제기한 소송이 각하, 기각 또는 취소된 경우에는 소송지연가산금 지급(재결서 정본을 받은 날부터 각하, 기각, 취소된 날까지)	1. 의의 및 취지(토지보상법 제85조 제2항) 　보상금 증감에 대한 소송으로 사업시행자 및 토지 소유자 각각 피고 　① 분쟁의 일회적 해결(보상재결 취소 X) 　② 신속한 권리구제 도모 2. 소송의 형태(형식적 당사자소송) 3. 소송의 성질(확인·급부소송) 4. 제기요건 및 효과 　① 원처분으로 인해 형성된 법률관계 대상 　② 재결서 정본 송달일부터 90일 또는 이의재결서 정본 송달일부터 60일 　③ 토지소유자, 관계인 및 사업시행자 각각 피고 5. 심리범위 　① 손실보상의 지급방법, ② 적정손실보상액의 범위, ③ 지연손해금, ④ 잔여지수용 여부, ⑤ 과대·과소항목의 보상항목 간 유용, ⑥ 보상대상 유무에 대한 판단, ⑦ 보상금 산정의 세부요소 추가여부 등 6. 입증책임(법률요건분배설) 7. 판결(재결청의 별도처분 불요) 8. 취소소송과의 병합(예비적 병합 가능)

12일차 — 재결의 효력 등

이해 : 화해, 공탁 및 대행

개념암기	화해는 재결 전에 당사자 간 합의를 이끌어내는 최종 합의절차임. 공탁은 재결실효를 방지하기 위한 제도적 절차로서 공탁 요건 및 이의유보를 중심으로 숙지하면 된다. 수용재결의 효과는 재결 시와 개시일을 구분하여 각 효과를 정리하면 무난하다.

	화해	공탁	수용의 효과
화해 공탁 대행 대집행	1. 의의 및 취지(토지보상법 제33조) 　(1) 재결 중 당사자 간 의사합치 　(2) 분쟁방지 및 사업의 원활한 수행 도모 2. 법적 성질 　(1) 화해의 성질(계약의 성질) 　(2) 화해조서의 성질(재결효력 인정) 3. 화해의 절차 　(1) 화해의 권고(3인으로 구성된 소위원회) 　(2) 화해조서의 작성(조서작성 및 서명·날인) 4. 화해조서의 효력 　(1) 재결의 효력(합의성립 및 재결효력) 　(2) 차단효 발생(내용확정 및 내용번복 X) 5. 권리구제 　(1) 조서작성행위 불복(토지보상법 제83조 및 제85조 불복) 　(2) 화해 자체 불복(조서효력 소멸 후 화해불복) 　(3) 손실보상 　　보상금 미지급 시 재결실효에 따른 손실보상 준용	1. 의의, 취지(토지보상법 제40조) 및 법적 성질 　공탁소에 보상금 공탁, 재결실효 방지, 변제공탁 2. 공탁의 요건 및 절차 　(1) 내용상 요건(공탁사유)(토지보상법 제40조 제2항) 　　① 수령거부 및 수령불능 　　② 과실 없이 보상금 수령자를 알 수 없는 때 　　③ 보상금에 대해 사업시행자가 불복할 때 　　④ 압류·가압류에 의해 보상금 지급이 금지된 때 　(2) 절차(토지소재지 관할 공탁소에 공탁 및 수령) 　(3) 주소지를 모르는 경우의 공탁 : 주소확인 없이 등기부상 주소를 표시한 공탁은 위법 3. 공탁의 효과 　(1) 정당한 공탁[수용효과 발생(목적물 원시취득)] 　(2) 미공탁의 효과(재결실효) 　(3) 하자 있는 공탁의 효과(공탁효과 미발생) 　　① 요건미충족, ② 일부공탁, ③ 조건부공탁 4. 공탁금 수령의 효과 　(1) 공탁금 수령의 효과(수용법률관계 종료) 　(2) 공탁금 수령과 이의유보 　　1) 이의유보와 공탁금 수령의 효과 　　　① 수용법률관계 종료 X, ② 묵시적 표현(구두) 가능, ③ 사업시행자에 대한 이의유보도 가능 　　2) 쟁송제기를 이의유보로 볼 수 있는지 　　　단순한 쟁송제기가 아닌 경우에는 묵시적 이의유보로 인정가능	1. 절차 종결 시(재결 시) 　① 사업시행자의 손실보상금 지급·공탁의무 　② 피수용자의 목적물 인도·이전의무 　③ 위험부담 이전 및 물상대위 2. 효과발생일(개시일) 　① 목적물의 원시취득 　② 대행·대집행권 　③ 환매권 　④ 행정쟁송권

13일차　재결의 효력 등

이해 : 대집행 및 수용의 효과

개념암기	대집행의 요건이 핵심쟁점이며, 인도이전의무에 명도행위가 포함되는지가 쟁점이 된다. 보상법상 요건이 대집행법상 의무불이행에 대한 특례임과, 명도행위는 대집행 대상이 아님에 대한 판례를 풍부하게 서술하는 것이 주요 쟁점이 되기에 이를 중심으로 잘 정리해야 한다.

대집행	대집행		대행

대집행

1. 의의 및 취지
   공법상 대체적 작위의무의 대집행,
   공익사업의 원활한 수행 도모

2. 요건
   (1) 신청요건
   　① 의무불이행, 기간 내 의무완료 어려움, 의무자에
   　　의한 의무가 공익을 해하는 경우가 있는 경우
   　② 시·도지사 및 시·군·구청장에게 신청
   (2) 실행요건(행정대집행법 제2조)
   　① 공법상 대체적 작위의무의 불이행
   　② 다른 수단으로의 이행확보가 곤란함.
   　③ 의무불이행 방치가 심히 공익을 해할 것
   　④ 대집행권 발동 여부는 재량에 속함.
   (3) 의무이행자의 보호(토지보상법 제89조 제3항)

3. 인도·이전의무가 대집행 대상인지
   (1) 문제점
   　인도·이전의무는 명도가 포함되는 비대체적 작위
   　의무인데, 토지보상법 제89조가 대집행법에 대한
   　특례인지 문제됨.
   (2) 견해의 대립
   　① 긍정설(동 규정의 합리적, 합목적 해석)
   　② 부정설(대체적 작위의무에 한정)

(3) 판례
   　① 도시공원시설인 매점점유자의 점유배제는 대체
   　　적 작위의무에 해당하지 않으므로 대집행의 대
   　　상이 아니라고 한다.
   　② 토지보상법 제89조의 '인도'에는 명도도 포함되
   　　는 것으로 보아야 하고, 이러한 명도의무는 그것
   　　을 강제적으로 실현하면서 직접적인 실력행사가
   　　필요한 것이지 대체적 작위의무라고 볼 수 없으
   　　므로 특별한 사정이 없는한 행정대집행법에 의
   　　한 대집행의 대상이 될 수 있는 것은 아니다.
   　③ 철거의무 약정을 하였다 하더라도 그 명도의무
   　　는 대집행대상이 아니라고 판시한 바 있다.
   (4) 검토(부정설)

4. 대집행 실행 시 철거민의 저항에 대한 실력행사의 가
   부(실력행사로서 명문의 규정 없이는 부정)

> **Tip**
> 판례 : 협의에 의한 의무는 사법상 계약에 따른 것으로서
> 이는 공법상 의무가 아니기에 대집행 대상이 아니다.

만약 공법상 계약으로 본다면?
공법상 계약으로 보면 계약내용 불이행은 당사자소송
으로서 그 이행을 구해야 할 것이기에 대집행 대상이
될 수 없다.

대행

1. 의의 및 취지
   특별자치도지사, 시장·군수·구청장이 대행, 사업의
   원활한 시행 도모

2. 법적 성질
   ① 행정대집행의 일종으로 보는 견해
   ② 대즌행이 적용되지 않는 부분에 대한 특례로 보는
   　견해

3. 요건 및 절차
   ① 인도 또는 이전의무자가 고의, 과실 없이 의무를 이행
   　할 수 없거나, ② 사업시행자가 과실 없이 의무자를 알
   　수 없을 때, ③ 사업시행자의 신청에 의하여 대행한다.

4. 비용부담
   의무자 부담 및 지방세 체납처분의 예에 따라 징수 가능

5. 대행청구대상의 범위
   수용목적물이 아니더라도 사업추진에 방해가 되는 경
   우도 대행청구 대상 인정

이해 : 대집행 및 수용의 효과	
개념암기	대집행의 요건이 핵심쟁점이며, 인도이전의무에 명도행위가 포함되는지가 쟁점이 된다. 보상법상 요건이 대집행법상 의무불이행에 대한 특례임과, 명도행위는 대집행 대상이 아님에 대한 판례를 풍부하게 서술하는 것이 주요 쟁점이 되기에 이를 중심으로 잘 정리해야 한다.

대집행	**대집행 절차**		
	1. 계고 상당한 이행기한 + 미이행시 대집행한다는 문서로 고지 (1) 계고의 내용 및 방식 대집행 내용 및 범위를 특정하여 문서로 통보 (2) 1장의 문서에 철거명령과 대집행 계고를 할 수 있는지 철거명령에서 주어진 일정기간이 자진철거에 필요한 상당한 기간이라면 그 기간 속에는 계고 시에 필요한 '상당한 이행기간'도 포함되어 있다고 보아야 한다. (2) 반복계고의 경우 계고가 반복된 경우에는 1차 계고가 소의 대상이다. 2차, 3차 계고처분은 대집행기한의 연기통지에 불과하다. 2. 대집행영장에 의한 통지 대집행실행의 시기 등을 의무자에게 통지하는 행위(긴급한 경우 생략 가능) 3. 대집행의 실행 행정청이 스스로 또는 타인으로 하여금 대체적 작위의무를 이행시키는 물리력을 행사 4. 비용징수 비용과 납기일을 정하여 의무자에게 문서로써 납부를 명하는 것		

14일차 　재결의 효력 등

이해 : 환매권

| 개념암기 | 환매권을 행사하는 방법 및 환매대금의 증액을 구하는 방법이 기본적인 쟁점이 되고 환매권의 법적 성질에 대한 검토를 통해 민사법원인지 행정법원인지를 검토하면 됨. 또한, 환매권 행사요건과 관련하여 요건이 충족되었는지(공익사업변환 포함) 및 동시이행항변이 성립되는지도 정리해야 한다. |

환매권

환매권

1. 의의 및 취지
　① 사업의 폐지·변경 등 필요 없게 되거나, 수용 후 오랫동안(5년) 이용되지 않는 경우 소유권 회복
　② 재산권의 존속보장 및 토지소유자의 감정존중 도모

2. 인정 근거
　이론적 근거(재산권 보장), 법적 근거(개별법률 근거)

3. 법적 성질
　(1) 공권성
　　① 공권설(공법원인)
　　② 사권설(매매효과 발생)(판례)
　(2) 형성권(채권적 청구권)

4. 환매권의 행사요건
　(1) 환매권의 성립시기(수용재결 시 발생)
　(2) 당사자
　　① 환매권자(토지소유자 및 포괄승계인)
　　② 상대방(사업시행자 또는 현재의 소유자)
　(3) 목적물(토지에 한함)
　(4) 행사요건
　　1) 토지보상법 제91조
　　　① 사업의 폐지·변경(사업을 그만두거나 다른 사업으로 바꾸는 것) 또는 그 밖의 사유로 토지의 전부 또는 일부가 필요 없게 된 경우(해당사업의 목적, 내용 등에 비추어 객관적 사정에 따라 판단) : 폐지·변경 고시일 혹은 사업완료일로부터 10년 이내에 보상금에 상당하는 금액을 사업시행자에게 지급하고 환매권 행사가능

　　　② 취득일부터 5년 이내에 취득한 토지의 전부를 해당 사업에 이용하지 아니하였을 때 : 취득일부터 6년 이내에 행사가능

5. 환매절차의 효력 및 소멸
　(1) 환매절차
　　① 사업시행자의 통지 등(토지보상법 제92조)
　　② 환매권의 행사(보상금 선지급 및 의사표시)
　　③ 환매금액(가격변동 시 법원에 증감청구)
　(2) 환매권의 효력
　　① 대항력(수용등기 시 제3자에게 대항 가능)
　　② 환매권 행사의 효력(채권적 청구권 발생)
　　③ 동시이행항변의 주장 X
　(3) 환매권의 소멸
　　① 사업시행자의 환매통지·공고가 있는 경우 공고한 날부터 6개월이 경과되면 환매권 소멸
　　② 사업시행자의 환매통지·공고가 없는 경우 필요없게 된 때부터 10년 및 취득일부터 6년 경과 시 환매권 소멸
　　③ 환매권 통지 결여 시 불법행위 인정

6. 공익사업 변환
　(1) 의의 및 취지(재취득절차 중복 방지)
　　토지보상법 제4조 제1호 내지 제5호에 규정된 다른 사업으로 변경된 경우 환매기간은 관보에 변경을 고시한 날부터 기산하도록 하는 것

　(2) 공익사업변환 규정의 적용 요건
　　① 주체상 요건(국가, 지방자치단체, 공공기관)
　　② 대상사업 요건규정(제1~5호 및 사업인정 득)
　　③ 대상토지의 계속소유
　(3) 공익사업변환의 위헌성
　　① 합헌설(목적과 수단의 적정성)
　　② 위헌설(환매권 공허, 기본권 제한)
　(4) 사업인정 전 협의의 경우는 적용 X

7. 권리구제
　(1) 환매권 행사에 대한 권리구제
　　공권설에 의할 경우 당사자소송, 사권설의 경우 민사소송(판례는 민사소송)
　(2) 환매금액에 대한 권리구제(법원에 증감청구)
　　판례는 환매권을 사법상 권리로 보므로 민사소송으로 해결
　(3) 협의취득이 무효인 경우
　　판례는 토지를 협의취득하였다고 하더라도 시행자 지정이 처음부터 효력이 없거나 취득 당시 사업의 법적 근거가 없는 등 협의취득이 당연무효인 경우 소유권에 근거하여 등기 명의를 회복하는 방식으로 권리를 구제받는 것은 별론으로 하더라도 법 제91조 제1항에서 정하고 있는 환매권을 행사할 수는 없다고 봄이 타당하다고 하였다.

15일차 　공용사용

이해 : 공용사용의 약식절차			
개념암기	이미 공익사업에 제공되고 있는 토지등에 대한 수용이 가능한지, 공익 간 충돌이 있는 경우 비례의 원칙에 의한 수용가부 결정		
공물	**공용사용 약식절차**		

공용사용 약식절차

1. 천재지변 시 토지사용
   ① 천재·지변이나 그 밖의 사변으로 인하여,
   ② 공공의 안전을 유지하기 위한 공익사업을,
   ③ 긴급히 시행할 필요가 있는 때에는 사업시행자가 시·군·구청장의,
   ④ 허가를 받아 타인토지를 6개월 이내에 일시로 사용하는 것을 말한다.

2. 시급을 요하는 토지사용
   ① 재결이 신청된 토지에 대하여,
   ② 재결을 기다려서는 재해를 방지하기가 곤란하거나 그 밖에 공공의 이익에 현저한 지장을 초래할 우려가 있다고 인정되는 경우,
   ③ 사업시행자가 관할 토지수용위원회의 허가를 받아,
   ④ 담보제공 후 6개월 이내에서 일시로 사용하는 것을 말한다.

Tip

공용사용의 일반적인 절차는 수용과 동일하다. 즉, 협의에 의한 사용과 사용재결에 의한 사용이 있다.

16일차　손실보상청구권의 법적 성질과 요건검토

이해 : 손실보상청구권은 공법상 권리이며, 그 요건으로 특별한 희생과 보상규정이 중요함.

개념암기	손실보상은 공법상 권리로서 이에 대한 불복은 행정소송절차에 의하여야 함. 손실보상 요건 중, 특별한 희생에 해당되면 보상을 해주어야 하나, 보상규정이 없는 경우 무엇을 근거로 보상을 해주어야 하는지가 문제된다. 보상의 근거규정으로 헌법 제23조 제3항을 근거할 수 있는지의 논의이다.

손실보상	**손실보상의 법적 성질**	**손실보상의 요건**
분리이론		
경계이론		
특별한 희생		
형식설		
실질설		

손실보상의 법적 성질

1. 손실보상의 의의
   특별한 희생에 대한 공적 부담에 대한 재산적 전보

2. 근거
   (1) 이론적 근거
       ① 기득권설
       ② 은혜설
       ③ 특별한 희생설
       ④ 생존권보장설
   (2) 법적 근거
       헌법 제23조 제3항 및 토지보상법 등 각 개별법

3. 손실보상청구권의 법적 성질
   (1) 학설
       ① 공권설(공용침해 원인)
       ② 사권설(채권·채무관계)
   (2) 판례(공권으로 본 판례)
   (3) 검토(공권설)
       ① 최근 하천법상 손실보상청구권을 공권으로 봄.
       ② 주거이전비는 사회보장적인 차원에서 지급되는 금원의 성격을 갖는 공법상 권리임.
       ③ 농업손실보상청구권 및 사업의 폐지에 대한 보상청구권은 공권력 행사에 의한 특별한 희생에 대한 손실보상으로서 공법상 권리임이 분명하므로 그에 관한 분쟁은 행정소송절차에 의함.

손실보상의 요건

1. 공공필요

2. 재산권에 대한 공권적 침해

3. 침해의 적법성 및 법적 근거(보상법상 공익사업)

4. 특별한 희생
   (1) 개설(특별한 희생과 사회적 제약의 구분)
       ① 분리이론 : 입법자의 의사에 따라 구분
       ② 경계이론 : 침해의 강도에 따라 구분
   (2) 의의 및 사회적 제약과의 구별실익
       사회적 제약을 넘어서는 손실로서 보상의 대상임.
   (3) 학설
       ① 형식설(인적 범위 특정가능성)
       ② 실질설(침해의 성질과 강도를 기준으로 판단)
   (4) 판례
       ① 대법원은 개발제한구역 지정은 공공복리에 적합한 합리적인 제한이라고 판시한 바 있으며, ② 헌법재판소는 종래목적으로 사용할 수 없거나, 실질적으로 토지의 사용·수익이 제한된 경우는 특별한 희생에 해당하는 것으로 본다.
   (5) 검토(절충설)

5. 보상규정의 존재
   (1) 문제점
       특별한 희생에 해당함에도 보상규정이 없는 경우에는 코상을 할 수 있는지가 헌법 제23조 제3항의 해석과 관련하여 문제된다.
   (2) 학설
       ① 광침규정설(명시적 규정 없는 경우는 보상 X)
       ② 직접효력설(헌법 제23조 제3항 근거)
       ③ 위헌무효설(손해배상으로 해결)
           헌법 제23조 제3항은 불가분조항이기에 보상규정 없는 침해규정은 위헌무효이기에 손해배상으로 해결해야 함.
       ④ 유추적용설(헌법 제23조 제1항 및 헌법 제11조를 근거로 헌법 제23조 제3항 및 관련 규정을 유추적용하여 손실보상 인정)
       ⑤ 보상입법부작위위헌설(손실보상을 규정하지 않는 입법부작위가 위헌임)
   (3) 판례
       대법원은 시대적 상황에 따라 직접효력설, 유추적용설 등 태도를 달리하고, 헌법재판소는 보상입법의무의 부과를 통해 보상규정이 없는 경우의 문제를 해결한다.
   (4) 검토(직접효력설 및 관련규정 유추적용 해결)

17일차　정당보상

이해 : 정당보상의 의미와 정당보상을 실현하기 위한 토지보상법상 기준(시가보상, 공시지가기준, 개발이익 배제, 생활보상 지향)

| 개념암기 | 정당보상 핵심은 재산권의 객관적 가치를 보장하는데 있으며, 이의 실현을 위해서 개발이익을 배제하고, 배제를 위한 방법으로서 공시지가기준법을 활용하게 된다. 이러한 맥락을 잘 이해해야 한다. 또한 객관적 가치의 기준시점은 협의 시 또는 재결 시이다. |

정당보상	정당보상	개발이익 배제
완전보상설 상당보상설 개발이익 개발이익 배제 개발이익 범위 존속보장 가치보장	1. 문제점 　헌법 제23조 제3항 정당보상 의미가 추상적 2. 학설 　① 완전보상설 　　피침해 재산의 객관적 가치(객관적 가치보장설)와 부대적 손실까지 보상해야 한다고 한다(손실전부보장설). 　② 상당보상설 　　사회통념상 합당한 보상이면 되고(완전보상설), 합리적 사유가 있으면 하회하거나 상회할 수 있음(합리적 보상설). 3. 판례 　① 보상의 시기, 방법 등에 제한 없는 완전한 보상을 의미한다고 판시한 바 있으며, ② 피수용자의 객관적 재산가치를 완전하게 보상해야 한다고 판시한 바 있다. 4. 검토 　객관적 가치의 완전보상 및 생활보상 지향	1. 개발이익 　사업시행으로 인한 이익으로서, 토지소유자의 노력과 관계없는 지가의 뚜렷한 상승분으로 정상지가 상승분을 초과하는 부분 2. 개발이익 배제와 범위 　해당사업의 개발이익 배제(토지보상법 제67조 제2항), 다른 사업의 개발이익 반영(해당 사업의 사업인정고시 전후 불문) 3. 개발이익 배제의 필요성 　① 개발이익은 미실현된 잠재적 이익이고, ② 토지 소유자의 노력과 관계없으므로 사회에 귀속되도록 하는 것이 형평의 원리에 부합한다. 4. 개발이익 배제의 정당성 　(1) 학설 　　① 개발이익은 주관적 가치인바 보상대상 불인정 　　② 인근토지와의 형평성을 고려하여 보상인정 　(2) 판례 　　개발이익은 궁극적으로는 모든 국민에게 귀속되어야 할 성질의 것이므로, 이는 피수용자의 토지의 객관적 가치 내지 피수용자의 손실이라고는 볼 수 없다고 판시한 바 있다. 　(3) 검토(개발이익 배제 타당) 5. 개발이익의 배제방법 　① 공시지가 적용(토지보상법 제70조 제3항 내지 제5항), ② 해당 사업으로 변하지 않은 지가변동률의 적용(토지보상법 제70조 제1항 및 동법 시행령 제37조 제2항), ③ 그 밖의 요인보정을 통한 배제방법이 있다. 6. 개발이익 배제의 문제점과 개선안 　(1) 인근 토지소유자와의 형평성 문제 　　대토보상 도입, 점진적인 인근토지에 대한 환수제도 보완 등 　(2) 개발이익 배제의 불완전성 문제 　　개발이익 완전 배제의 어려움

18일차　　**정당보상**

이해 : 정당보상의 의미와 정당보상을 실현하기 위한 토지보상법상 기준(시가보상, 공시지가기준, 개발이익 배제, 생활보상 지향)
개념암기	정당보상 핵심은 재산권의 객관적 가치를 보장하는데 있으며, 이의 실현을 위해서 개발익이을 배제하고, 배제를 위한 방법으로서 공시지가기준법을 활용하게 된다. 이러한 맥락을 잘 이해해야 한다. 또한 객관적 가치의 기준시점은 협의 시 또는 재결 시이다.

공시지가기준법	시가보상	손실보상의 원칙
1. 공시지가기준 보상의 의의 및 취지 　1월 1일 기준 객관적 가치를 표상하는 공시지가를 기준하여 보상, 개발이익 배제 취지 2. 공시지가기준 보상의 정당성 　(1) 문제점 　　공시지가기준법만을 규정한 것이 방법제한인지 여부 및 공시지가가 시가에 못 미치는 경우 정당보상의 실현이 가능한지 여부 　(2) 학설 　　① 보상방법의 제한은 정당보상 개념에 부합되지 않음. 　　② 개발이익 배제의 목적 및 인근거래사례 등을 고려한 객관적 가치보상 실현이기에 정당보상 실현인정 　(3) 판례 　　대법원은 개발이익 배제 도모, 공고일 당시의 객관적 가치를 표상하므로 적정성이 인정된다고 판시하고, 헌법재판소는 공시지가가 적정가격을 반영하지 못하는 것은 제도운영상 잘못이므로 정당보상과 괴리되는 것은 아니라고 판시한 바 있다. 　(4) 검토(정당보상 부합)	1. 시가보상의 의의 및 취지(토지보상법 제67조) 　협의성립 당시의 가격 및 재결 당시의 가격 보상 　① 개발이익 배제 　② 보상액의 적정성, 객관성, 공평화 유지 　③ 수용절차의 지연방지 　④ 재산권 상실 당시의 완전보상 구현 도모 2. 시가보상의 정당성 　(1) 판례 　　토지 등을 수용함으로 인하여 그 소유자에게 보상하여야 할 손실액은 수용재결 당시의 가격을 기준으로 하여 산정하여야 할 것이고, 이와 달리 이의재결일을 그 평가기준일로 하여 보상액을 산정해야 한다는 상고이유는 받아들일 수 없다고 판시하였다. 　(2) 검토(판례 타당)	1. 사업시행자 보상(토지보상법 제61조) 　토지 등의 취득 또는 사용으로 인한 손실은 사업시행자가 보상 2. 사전보상(토지보상법 제62조) 　공사에 착수하기 전 보상액 지급 3. 현금보상(토지보상법 제63조) 　① 자유로운 유통보장 　② 재산권에 대한 객관성 확보 4. 개인별 보상(토지보상법 제64조) 　토지소유자 및 관계인 개인별 보상 5. 일괄보상(토지보상법 제65조) 　동일 사업지역 내 보상시기를 달리하는 동일 소유의 토지 일괄보상 6. 사업시행이익 상계금지(토지보상법 제66조) 　잔여토지 가격상승과 편입부분의 손실보상 상계 금지 7. 시가보상(토지보상법 제67조 제1항) 　협의 성립 당시 및 재결 당시의 가격보상 8. 개발이익 배제(토지보상법 제67조 제2항) 　해당 공익사업 개발이익 배제

이해 : 정당보상의 의미와 정당보상을 실현하기 위한 토지보상법상 기준(시가보상, 공시지가기준, 개발이익 배제, 생활보상 지향)
개념암기   정당보상 핵심은 재산권의 객관적 가치를 보장하는데 있으며, 이의 실현을 위해서 개발익이을 배제하고, 배제를 위한 방법으로서 공시지가기준법을 활용하게 된다. 이러한 맥락을 잘 이해해야 한다. 또한 객관적 가치의 기준시점은 협의 시 또는 재결 시이다.

채권보상	대토보상	
1. 채권보상의 의의 및 취지 　① 과도한 투기자금 공급 방지, ② 사업시행자의 일시적 유동경색 방지 2. 채권보상의 요건 　(1) 임의적 채권보상(토지보상법 제63조 제7항) 　　① 국가, 지방자치단체, 공공기관 및 공공단체가 사업주체일 것 ② 부재부동산 소유자의 토지 중 1억원 초과금액 및 소유자 또는 관계인이 원하는 경우 　(2) 의무적 채권보상(토지보상법 동조 제8항) 　　① 토지 투기우려지역 + ② 택지 · 도시 · 산업단지 등 개발사업을 시행하는 공공기관 및 공공단체 + ③ 부재부동산 소유자의 토지 중 1억원을 초과하는 금액 　(3) 부재부동산 소유자의 토지의 의미 　　① 사업인정고시일 1년 전부터 해당 토지 소재지에 주민등록이 되지 않는 소유자 ② 주민등록은 하였으나 사실상 거주하고 있지 아니한 소유자 3. 채권보상의 내용 　① 재정경제부장관이 무기명증권(최소 액면 10만원)으로 보상채권 발급 　② 멸실 · 도난의 경우 재발행하지 아니한다. 　③ 상환기간은 5년 이내(원리금은 만기 일시상환) 4. 채권보상의 정당성 　(1) 문제점 　　① 채권보상이 보상방법을 제한하는 것인지 　　② 부재부동산의 경우 평등의 원칙 위배 여부 　　③ 사전보상의 원칙의 예외인지 　(2) 학설 　　① 위헌설(보상방법의 제한, 사전보상 원칙위반) ②합헌설(채권보상 목적의 정당성, 통상의 수익률 보장) 　(3) 검토(합헌설) 5. 채권보상의 문제점 　양도 · 담보의 허용으로 투기수요 전환 가능성 내재	1. 의의 및 취지 　① 공익사업 시행으로 조성한 토지보상 　② 사업시행자의 보상금 지급부담 경감, 대토수요 억제, 개발이익 일정부분 공유 2. 대토보상의 요건 　① 대지분할제한 면적 이상 토지 양도 　② 토지보상이 가능한 경우 3. 대토보상의 내용 　(1) 대토보상의 범위(현금 · 채권보상 외 부분) 　(2) 가격 및 면적 　　① 일반분양가 기준 　　② 주택용지 990제곱미터, 상업용지 1,100제곱미터 초과 X 　(3) 전매제한 　　계약체결일로부터 소유권이전등기 시까지 전매제한 　(4) 현금보상으로의 변경 　　① 사업계획이 변경되는 경우 　　② 토지소유자의 체납, 해외이주 등 　　③ 대토계약 체결일부터 1년 경과 4. 벌칙(토지보상법 제93조의2) 　전매 시 3년 이하의 징역 또는 1억원 이하의 벌금 5. 대토보상의 문제점 　대체지의 위치 및 가격특정 X	

19일차　손실보상의 내용

이해 : 손실보상의 내용과 생활보상의 내용

개념암기	손실보상의 내용으로 재산권 보상, 부대적 손실보상, 생활보상의 내용이 있으며, 각 보상 대상의 의미와 관계를 학습한다. 생활보상의 내용으로 주거의 총체적 가치보상, 생활재건조치, 소수잔존자보상, 이어·이농비보상 등을 정리한다.

부대적 손실

일실손실

실비변경보상

생활보상

손실보상의 내용		생활보상의 내용
1. 재산권 보장 　(1) 피침해 재산의 객관적 가치보상 　　① 취득하는 토지, 사용하는 토지 　　② 건축물·입목·공작물·농작물 　　③ 광업권·어업권·양식업권 및 물 등의 사용에 　　　관한 권리 　　④ 잔여지·잔여건축물 가치하락에 대한 보상 　(2) 부대적 손실보상 　　목적물 수용이 원인이 되어 발생하는 필연적 손실 　　① 실비변상적 보상(이전비, 공사비 등) 　　② 일실손실보상(영업보상, 농업손실보상 등) 2. 생활보상 　(1) 의의(생활재건을 위한 보상) 　(2) 생활보상의 범위 　　1) 학설 　　　① 최광의설(모든 보상이 생활보상) 　　　② 광의설(재산권 보상 외의 보상이 생활보상) 　　　③ 협의설(재산권 및 부대적 손실 외의 부분) 　　2) 판례 　　　판례는 이주대책을 생활보상의 한 유형으로 판 　　　시한 바 있다. 　　3) 검토(협의설 타당)	(3) 생활보상의 근거 　　1) 이론적 근거(재산권 보장, 공평원칙 등) 　　2) 헌법적 근거(판례) 　　　종전의 생활상태를 원상으로 회복시키면서 동시 　　　에 인간다운 생활을 보장하여 주기 위한 이른바 　　　생활보상의 일환으로 국가의 적극적이고 정책적 　　　인 배려에 의하여 마련된 제도 　　3) 개별법적 근거(토지보상법 등) 　(4) 생활보상의 (헌법적)기준 　　인간다운 생활을 영위할 수 있는 최소한의 물리적 　　수준 　(5) 생활보상의 성격 및 특색 　　① 존속보장 및 원상회복적 성격 　　② 보상의 확장성 의미 및 보상역사에 있어 최종 　　　단계의 보상성을 갖는다(수용이 없었던 것과 같 　　　은 상태 회복).	1. 주거의 총체적 가치보상 　① 비준가격특례, ② 최저보상액(600만원), ③ 재편입 　가산금 ④ 주거이전비를 들 수 있다. 2. 생활재건조치 　① 이주대책, ② 대체지 알선, ③ 직업훈련, ④ 고용 또 　는 알선, ⑤ 각종의 상담 등, ⑥ 보상금에 대한 조세감 　면 등이 있다. 3. 소수잔존자보상(이어·이농비보상 등) 　공공사업의 시행의 결과로 인하여 종전의 생활공동체 　로부터 분리되어 잔존자의 생활환경이 현저하게 불편 　하게 됨으로써 더 이상 그 지역에서 계속 생활하지 못 　하고 이주가 불가피하게 되는 경우에, 종전에 준하는 　생활을 보장하여 주기 위하여 이전비·이사비·이농 　비·실농보상·실어보상 등을 지급하는 것을 말한다. 4. 이어·이농비보상 　농·어민에게 그 보상금이 일정금액 이하인 경우 가구 　원수에 따라 1년분의 평균생계비를 보상액과의 차액만 　큼 지급한다. 5. 기타 　특산물보상, 사례금 등

20일차　간접손실보상

이해 : 간접손실보상의 성격 및 요건 등

개념암기	간접손실보상에 대한 보상규정이 없으나 특별한 희생에 해당된다면 손해전보를 해주어야 함이 공평부담의 견지에서 형평성이 유지된다. 이러한 경우 간접손실을 헌법 제23조 제3항에서의 손실보상의 성격으로 본다면 헌법 제23조의 해석을 통해 해결하고 그렇지 않다면 손해배상 등 다른 수단을 택해야 한다.

간접보상	간접손실보상

간접손실보상

1. 의의(토지보상법 제79조)
   공익사업의 시행으로 사업지구 밖의 필연적인 손실

2. 종류
   ① 소음, 진동, 일조감소 등 물리적ㆍ기술적 손실
   ② 경제적ㆍ사회적 구조변경으로 인한 손실

3. 손실보상의 성격
   사후보상, 간접손실, 재산권보상, 생활보상

4. 근거
   (1) 이론적 근거(공평부담 원칙)
   (2) 헌법적 근거(헌법 제23조 제3항)
   　헌법 제23조 제3항은 사업구역 내의 손실만을 의미하는 것으로 보는 견해가 있으나, 판례는 간접손실도 헌법 제23조 제3항의 손실보상의 대상이 된다고 판시한 바 있다.
   (3) 법률적 근거
   　토지보상법 제79조 제2항 및 동법 시행규칙 제59조 내지 제65조에서 이와 관련된 보상을 규정하고 있다.

5. 요건
   (1) 간접손실이 발생할 것(판례상 요건)
   　① 공공사업 시행으로 인한 사업구역 밖의 손실, ② 손실발생의 예견가능성 및 ③ 손실의 특정가능성
   (2) 특별한 희생의 발생
   (3) 보상규정의 존재
   (4) 기간(공사완료일로부터 1년 이내에 청구 가능)

6. 권리구제
   (1) 보상규정이 없는 경우
   　1) 학설
   　　① 보상부정설(보상규정 없는 경우는 보상 X)
   　　② 유추적용설(헌법 제23조 제3항 및 토지보상법상 손실보상규정 유추적용)
   　　③ 직접적용설(헌법 제23조 제3항 직접 근거)
   　　④ 평등원칙 및 재산권보장규정 근거설
   　　⑤ 수용적 침해이론
   　　⑥ 손해배상설(명문규정이 없는 경우는 손해배상)
   　　⑦ 행정입법부작위 위헌설(보상규정 없는 부재)
   　　⑧ 토지보상법 제79조 제4항 적용설(일반적 근거규정)
   　2) 판례
   　　① 간접손실이 공익사업의 시행으로 인하여 기업지 이외의 토지소유자가 입은 손실이고, ② 그 손실의 범위도 구체적으로 이를 특정할 수 있으며, ③ 손실이 발생하리라는 것을 쉽게 예견할 수 있는 경우라면, ④ 손실보상에 관하여 토지보상법 시행규칙의 관련규정들을 유추적용할 수 있다.
   　3) 검토(헌법 제23조 제3항 근거 및 판례 타당)
   (2) 손실보상 및 보상절차
   　토지보상법 시행규칙 제59조 내지 제65조 규정을 유추적용하여 보상하고 토지보상법 제80조(협의 및 재결청구)와 토지보상법 제83조 및 제85조에 따른 불복 가능

7. 간접손실보상 내용
   (1) 지구 밖의 대지 등(시행규칙 제59조)
   　대지(조성된 대지), 건축물, 분묘 및 농지가 사업의 시행으로 인하여 교통이 두절되거나 경작이 불가능하게 된 경우
   (2) 지구 밖의 건축물(시행규칙 제60조)
   　① 소유농지의 대부분이 편입되고, ② 건축물만이 사업지구 밖에 남아, ③ 매매가 불가능하고 이주가 부득이한 경우
   (3) 소수잔존자(시행규칙 제61조)
   　1개 마을의 주거용 건축물이 대부분 편입되어 잔여 주거용 건축물의 이주가 부득이한 경우
   (4) 지구 밖의 공작물(시행규칙 제62조)
   　본래의 기능을 다할 수 없는 경우
   (5) 지구 밖의 어업의 피해(시행규칙 제63조)
   　해당 사업지구 인근의 어업피해(실제 피해액 확인이 가능한 경우)(사업인정고시일 등 이후 어업 X)
   (6) 지구 밖의 영업손실(시행규칙 제64조)
   　① 배후지의 3분의 2 이상 상실, ② 진출입로의 단절, 그 밖의 부득이한 사유로 휴업이 불가피한 경우
   (7) 지구 밖의 농업(시행규칙 제65조)
   　농지의 2/3 이상이 편입되어 해당 지역에서 영농을 계속할 수 없게 된 경우, 지구 밖 농지에 대해 영농손실액 보상

> **Tip**
>
> **손해배상청구와 선택적 경합**
> 각 요건이 충족되면 성립되는 별개의 청구권이며 이중배상의 문제가 발생하므로 선택적 청구를 해야 함

21일차 **이주대책**

이해 : 이주대책 불복수단	
개념암기	이주대책의 불복수단으로 확인소송이 가능한지가 핵심쟁점이다. 수분양권의 발생시점 및 법적 성질(실체적 권리로 볼 것인지, 절차적 권리로 볼 것인지)에 따라 확인소송의 가능여부가 달라지므로 해당 내용을 잘 정리하고 숙지할 것.

이주대책
수분양권

이주대책

1. 의의 및 취지(토지보상법 제78조)
   주거용 건축물을 제공하여 생활근거를 상실하는 자에게 종전생활을 유지시켜 주는 대책

2. 근거
   (1) 이론적 근거(국가의 정책적 배려)
   (2) 법적 근거
       1) 헌법적 근거(헌법 제23조 및 제34조)
       2) 개별법적 근거(토지보상법 제78조 등)

3. 법적 성격(① 생활보상, ② 공법관계, ③ 강행규정)

4. 요건 및 절차
   (1) 수립요건(토지보상법 시행령 제40조 제2항)
       ① 조성토지가 없는 경우 및 ② 비용이 과다한 경우를 제외하고, ③ 이주대책 대상이 10호 이상이면 수립
   (2) 대상자 요건(토지보상법 시행령 제40조 제5항)
       ① 무허가건축물 등 소유자는 제외, ② 계속 거주하지 아니한 자는 제외, ③ 타인이 소유하고 있는 건축물에 거주하는 세입자는 이주대책 대상자에서 제외, ④ 사업시행자는 법상 이주대책대상자가 아닌 자도 대상자로 선정할 수 있음.

5. 내용
   ① 이주대책 내용에 대한 사업시행자의 재량 인정
   ② 생활기본시설(사업자부담)이 포함된 정착지의 조성
   ③ 택지개발촉진법 또는 주택법에 의한 공급 가능
   ④ 이주정착금(건축물 평가액의 30% 내, 하한 1,200만원, 상한 2,400만원)

6. 권리구제
   (1) 이주대책계획수립에 대한 권리구제
       항고쟁송 가능(법상 대상자의 신청권 인정)
   (2) 이주대책대상자 선정·결정에 대한 권리구제
       1) 수분양권의 의의(분양받을 수 있는 권리)
       2) 수분양권의 법적 성질 및 발생시기
          i) 공법관계(공법상 권리)
          ii) 발생시기
             (가) 학설
                 ① 이주대책계획수립이전설(법상취득설)
                 ② 이주대책계획수립시설
                 ③ 확인·결정시설
             (나) 판례(확인·결정시설) 및 검토(수립시설)
       3) 권리구제 및 소송형식
          i) 이주대책대상자 선정행위의 법적 성질
             형성처분(수분양권을 절차적 권리로 보는 경우)
             이행처분(수분양권을 실체적 권리로 보는 경우)
          ii) 권리구제 및 소송형식
             (가) 확인·결정시설
                 항고쟁송 긍정, 확인소송 불가
             (나) 이주대책계획수립이전설
                 항고쟁송 가능, 확인소송 가능
             (다) 이주대책계획수립시설
                 항고쟁송 가능, 확인소송 가능(계획수립 이후)

7. 문제점(이주대책 및 이주정착금의 형평성 결여)

이주대책대상자 VS 이주정착금 대상자

공통요건 : 관계법령고시일 이전부터 거주할 것
이주대책대상자 : 고시일 등 1년 전부터 거주
이주정착금 대상자 : 고시일 등 전부터 거주

Tip

사업시행자가 이주대책 내용에 재량성을 갖는다는 의미는 어떠한 내용으로 이주대책을 구성할지에 대한 재량을 갖는다고 보면 된다. 즉 사업자는 20평 아파트를 공급할 수도 있고 30평 아파트를 공급할 수도 있다. 어느 경우든 법상 이주대책 의무를 이행하는 것으로 볼 수 있는 내용이어야 할 것이다. 만약 법상 이주대책 의무를 이행하는 것으로 볼 수 없는 내용으로 이주대책을 수립한 경우라면 이는 법상 이주대책 의무를 이행한 것이 아니기에 그러한 기준으로 수립시행한 이주대책은 위법한 이주대책이 된다.
따라서 사업시행자의 재량이 인정되는 이주대책 수립기준이나 내용이 법령상 요건에 부합되지 않거나 법상 이주대책을 시행한 것으로 보기 어려운 경우에는 위법한 이주대책이 된다고 볼 것이다.

* 2차거부가 처분인지
판례는 거부처분이 있은 후 당사자가 다시 신청을 한 경우에는 신청의 제목 여하에도 불구하고 그 내용이 새로운 신청을 하는 취지라면 관할 행정청이 이를 다시 거부하는 것은 새로운 거부처분으로 보아야 한다고 하여, 2차 결정은 1차 결정과 별도로 행정쟁송의 대상이 되는 처분으로 보았다.

* 생활대책
토지보상법 제78조는 생활대책용지의 공급 등 생활대책에 대한 분명한 근거규정을 두고 있지는 않지만 사업시행자가 스스로 공익사업의 원활한 시행을 위하여 필요하다고 인정함으로써 내부규정에 따라 생활대책을 수립·실시하는 경우에는 이러한 생활대책 역시 헌법 제23조 제3항의 정당한 보상에 포함되는 것으로 보아야 한다. 따라서 이러한 생활대책대상자 선정기준에 해당하는 자는 사업시행자에게 대상자 선정의 확인·결정을 요구할 권리를 가지는 것이어서 사업시행자가 이를 거부 시 항고소송을 제기할 수 있다.

22일차　현황평가원칙

이해 : 공부와 현황이 다른 경우 현황평가를 원칙으로 함.

개념암기	공부상 지목과 현실이용상황이 다른 경우에는 피수용자의 재산권보호를 위해 현황을 기준하여 평가하나 불법의 합법화를 배제하거나 재산권보호를 위한 현황평가의 예외가 있기에 이러한 경우를 각 취지에 따른 유형으로 구분하여 이해해야 함.

	현황평가의 예외	공법상 제한	무허가건축물부지
공법상 제한			

공법상 제한

일반적 제한

개별적 제한

현황평가

일시적 이용

미지급용지

사도법상 사도

사실상 사도

현황평가의 예외	공법상 제한	무허가건축물부지
1. 현황평가의 의의 및 취지 　가격시점의 현실적인 이용상황 기준, 토지소유자 보호 및 위법행위의 합리화 조장방지 취지 2. 현황평가주의의 예외 　(1) 일시적인 이용상황 미고려 　(2) 무허가건축물 등의 부지(시행규칙 제24조) 　　1989.1.24. 이후에 건축 또는 용도변경된 무허가건물 등의 부지는 건축 또는 용도변경될 당시의 이용상황 상정 　(3) 불법형질변경 토지(시행규칙 제24조) 　　1995.1.7. 이후에 공익사업지구에 편입된 토지는 형질 변경 당시의 이용상황 상정 　(4) 미지급용지(시행규칙 제25조) 　　종전에 시행된 공익사업의 부지로서 보상금이 지급되지 아니한 토지로서 종전 공익사업에 편입될 당시의 이용상황을 상정 　(5) 건물 등의 부지(시행규칙 제22조) 　　토지에 건물 등 지장물이 있는 때에는 그 상태대로 평가하는 것이 아니라 지장물이 없는 토지의 나지 상태를 상정하여 평가한다. 　(6) 공법상 제한을 받은 토지(시행규칙 제23조) 　　당해 사업의 목적 및 절차와 관련된 공법상 제한은 고려하지 않음.	1. 의의 및 기능 　관계법령에 의한 토지이용규제 등, 이는 국토공간의 효율적 이용을 통한 공공복리 도모 기능 2. 공법상 제한을 받는 토지(시행규칙 제23조) 　(1) 일반적 제한(제한 받는 상태) 　　① 제한 그 자체로 목적이 완성되고 구체적 사업의 시행이 필요하지 않은 경우, ② 제한받는 상태로 평가, ③ 용도지역 등 일반적 제한일지라도 해당 사업시행을 직접 목적으로 하여 변경된 경우에는 변경되기 전의 용도지역을 기준으로 하여 평가, ④ 특정 시점에서 용도지역·지구·구역을 지정 또는 변경하지 않은 것이 특정 사업의 시행을 위한 것일 경우에는 지정 또는 변경이 이루어진 상태를 상정하여 평가(특정 공익사업의 시행을 위하여 용도지역 등을 지정 또는 변경하지 않았다고 볼 수 있으려면, 토지가 특정 공익사업에 제공된다는 사정을 배제할 경우 용도지역 등을 지정 또는 변경하지 않은 행위가 계획재량권의 일탈·남용에 해당함이 객관적으로 명백하여야 함) 　(2) 개별적 제한 　　① 구체적 사업의 시행을 필요로 하는 경우로서, ② 개별적 제한이 해당 공익사업의 시행을 직접 목적으로 가해진 경우에는 제한이 없는 상태로 평가, ③ 당초의 목적사업과는 다른 목적의 공공사업에 편입수용되는 경우에도 그 제한을 받지 아니하는 상태대로 평가	1. 의의(시행규칙 제24조) 　허가를 받지 아니하거나 신고를 하지 아니하고 건축 또는 용도변경한 건축물의 부지 2. 평가방법 　(1) 원칙 및 취지 　　① 건축 또는 용도변경될 당시의 이용상황 기준 　　② 위법의 합법화 배제 취지 　(2) 예외(1989.1.24. 이전은 적법건축물로 간주) 　(3) 무허가건축물 부지의 범위 　　① 건축물의 용도 및 규모 등을 감안하여 사용수익에 필요한 범위(판례) 　　② 건폐율을 적용하여 산정한 면적을 초과할 수 없다(부칙 제5조). 3. 입증책임 　(1) 견해대립 　　① 소유자(조서의 진실추정력) 　　② 사업시행자(현황평가원칙) 　(2) 판례의 태도 　　수용대상 토지의 이용상황이 일시적이라거나 불법형질변경토지에 해당하는지 여부는 이를 주장하는 쪽에서 증명해야 한다. 　(3) 검토(사업시행자 타당) 4. 판단기준 등 　(1) 무허가건축물관리대장과 무관 　(2) 사용승인은 허가유무와 무관

www.pmg.co.kr

이해 : 공부와 현황이 다른 경우 현황평가를 원칙으로 함.

개념암기	공부상 지목과 현실이용상황이 다른 경우에는 피수용자의 재산권보호를 위해 현황을 기준하여 평가하나 불법의 합법화를 배제하거나 재산권보호를 위한 현황평가의 예외가 있기에 이러한 경우를 각 취지에 따른 유형으로 구분하여 이해해야 함.

왼쪽 목록:
- 공법상 제한
- 일반적 제한
- 개별적 제한
- 현황평가
- 일시적 이용
- 미지급용지
- 사도법상 사도
- 사실상 사도

불법형질변경	미지급용지	도로부지
1. 의의(시행규칙 제24조) 2. 평가방법 　형질변경 당시 이용상황, 　1995.1.7. 당시 편입토지는 현황평가 3. 보상평가방법의 정당성 검토 　(1) 평등의 원칙 위배 여부 　　1995.1.7. 이전은 현황평가로, 이후는 형질변경 당시의 이용상황으로 평가하기에 평등원칙에 반하는지가 문제될 수 있으나 불법 앞의 평등은 보호대상이 아님. 　(2) 소급입법에 의한 재산권 침해 여부 　　불법에 대한 신뢰이익 보호가치 불인정 4. 입증책임 　(1) 견해대립 및 판례 　　① 소유자(조서의 진실추정력), 사업시행자(현황평가원칙), ② 판례(허가 또는 신고의무의 존재 및 무허가 또는 무신고상태임을 사업시행자가 입증) 　(2) 검토(사업시행자) 5. 관련판례 　(1) 무허가건축물 부지이면 불법형질변경토지 X 　(2) 제3자가 불법형질변경한 경우도 불법형질변경 　(3) 준공검사나 지목변경 수반은 불법판단대상 X 　(4) 지목이 임야이나 농지로 이용 중인 토지는 지목이 변경된 경우에 한해서 농지로 보상평가한다. 　　(3년 이상 실제농지로 이용된 토지는 2016.1.21. 이전인 경우는 농지로 보상하고, 2016.1.21. 이후인 경우는 임야로 평가한다 : 농지법관련)	1. 의의(시행규칙 제25조) 　① 종전에 시행된 사업부지로서 보상금이 지급되지 않은 토지, ② 피수용자의 불이익 방지 취지 2. 평가방법(종전 사업 편입 당시 이용상황 기준) 3. 적용대상 　(1) 학설 　　① 무제한 적용설(유·불리한 변경 모두 적용) 　　② 제한 적용설(불리한 변경만 적용) 　(2) 판례 　　판례는 공공사업의 시행자가 적법한 절차에 의하여 취득하지도 못한 상태에서 공공사업을 시행하여 토지의 현실적인 이용상황을 변경시킴으로써 오히려 토지가격을 상승시킨 경우에는 미지급용지라고 볼 수 없다. 　(3) 검토(무제한 적용설 타당) 4. 관련문제 　(1) 보상의무자(종전 사업자) 　(2) 국가 등의 점유시효취득 불인정 　(3) 부당이득반환청구(5년 사용료 청구 가능)	1. 도로의 의의 　사람 또는 차량만이 통행할 수 있도록 만들어진 길. 사도법상의 사도, 사실상의 사도, 그 외 도로로 분류 2. 도로의 분류 　사도법상 사도, 사실상 사도, 자연발생도로, 공도 등 3. 사실상의 사도(공도 및 사도법상 사도 외의 도로) 　(1) 사실상 사도 　　① 자기 토지의 편익을 위하여 스스로 설치한 도로 　　② 타인의 통행을 제한할 수 없는 도로 　　③ 건축허가권자가 그 위치를 지정·공고한 도로 　　④ 대지 및 공장용지 등의 조성을 위해 설치한 도로 　(2) 사실상 사도의 판단기준 　　① 자기 토지의 편익을 위하여 스스로 설치한 도로 인접 토지의 획지면적, 소유관계, 이용상태 등이나 개설경위, 목적, 주위환경 등을 객관적으로 판단 　　② 타인의 통행을 제한할 수 없는 도로 법률상 또는 사실상 통행을 제한하는 것이 곤란한 경우(도로 이용상황이 고착화되어 표준적 이용상황으로의 원상회복이 용이하지 않는 상태일 것) 4. 도로의 평가기준 　(1) 사도법상 사도(인근토지 토지평가액의 1/5 이내) 　(2) 사실상 사도(인근 토지평가액의 1/3 이내) 5. 도로보상기준의 정당보상 여부(화체이론) 6. 시행규칙 제26조 법적 성질(법규명령) 　판례는 행정규칙으로 보았으나 법규명령으로 보는 것이 타당함.

이해 : 공부와 현황이 다른 경우 현황평가를 원칙으로 함.		
개념암기	공부상 지목과 현실이용상황이 다른 경우에는 피수용자의 재산권보호를 위해 현황을 기준하여 평가하나 불법의 합법화를 배제하거나 재산권보호를 위한 현황평가의 예외가 있기에 이러한 경우를 각 취지에 따른 유형으로 구분하여 이해해야 함.	

공법상 제한	**사실상 사도 관련 판례**		
일반적 제한	1. 자기 토지 편익을 위한 도로 　도로개설 경위와 목적, 주위환경, 인접토지의 획지면적, 소유관계 및 이용상태 등 제반 사정을 종합적으로 고려하여 판단한다.		
개별적 제한			
현황평가			
일시적 이용	2. 타인 통행을 제한할 수 없는 도로 　도로로의 이용상황이 고착화되어 표준적 이용상황으로의 원상회복이 용이치 않은 상태에 이르어야 하는 것이고, 불특정 다수의 통행에 장기간 제공되어 왔고 소유자가 용인하여 왔다는 사정만으로는 사실상 사도에 해당되지 않는다.		
미지급용지			
사도법상 사도			
사실상 사도			
	3. 자연발생 도로 　도시계획도로 결정 없이, 불특정 다수인의 통행에 장기간 제공되어 자연발생적으로 사실상 도로화된 경우는 사실상 사도에 해당한다. 토지소유자가 소유권을 행사하여 통행을 금지시킬 수 있는 경우는 이에 해당하지 아니한다.		
	4. 사실상 사도인 상태에서 도시계획시설도로로 결정된 경우 　도시계획시설로 결정 전부터 도로로 이용 중인 경우에는 사실상 사도에 해당된다. 도시계획시설도로로 지정되고 나서부터 도로로 이용된 경우에는 예정공도에 해당된다.		

24일차　　부대적 손실

이해 : 영업손실보상 및 농업손실보상

개념암기	영업손실보상의 경우 세입자에 대한 특례규정(무허가건축물 등에서 행하는 영업), 재결전치주의와 관련하여 잔여시설에 대한 보상금 증액요청은 기존 편입부분의 보상과 함께 다퉈지기에 별도의 재결절차를 거칠 필요가 없다는 것이 중요함. 농업손실보상은 농지로 보지 않는 경우와 농업손실보상청구권의 발생시점(협의 및 재결)이 중요하다.

영업손실보상	영업보상		농업보상
농업손실보상			

영업보상

1. 의의 및 보상의 성격(일실손실)

2. 대상영업(규칙 제45조)
   ① 적법한 장소, ② 인적·물적 설비, ③ 계속적 영업, ④ 허가·신고·면허를 받은 영업, ⑤ 보상계획의 공고 및 사업인정고시 후 영업 X, ⑥ 무허가건축물 등 임차인 영업은 사업인정고시일 등 1년 이전부터 영업을 행한 경우에는 보상

3. 영업의 폐업에 대한 보상
   (1) 폐업요건(시행규칙 제46조 제2항)
   ① 영업장소 또는 배후지의 특수성으로 이전영업 X
   ② 다른 장소에서 영업허가 X
   ③ 다른 장소로의 이전이 현저히 곤란(특별자치도지사·시장·군수 또는 구청장 인정)
   (2) 보상방법
   ① 폐업(영업이익 2년분 + 고정자산매각손실)
   ② 개인영업인 경우 최저 영업이익 보장
   ③ 무허가건축물 등에서의 임차인 영업(사업인정고시일 등 1년 이전부터 사업자등록을 행하고 있는 임차인) : 이전비용 및 감손상당액을 제외한 금액은 1천만원을 초과하지 못함.
   (3) 보상금의 환수
   폐업 후 2년 이내에 동일영업을 하는 경우 환수 후 휴업보상 지급

4. 영업휴업에 대한 보상(4개월 이내 영업이익 등)

5. 무허가영업 등에 대한 보상(시행규칙 제52조)
   적법한 장소, 도시근로자가구 월평균 가계지출비 3개월분, 영업시설·원재료·제품 및 상품의 이전에 소요되는 비용 및 그 이전에 따른 감손상당액은 별도 보상

6. 관련문제
   (1) 사업인정고시일 등 당시 보상대상에 해당한다면 그 후 사업지구 내 다른 토지로 영업장소가 이전되었더라도 손실보상의 대상이 됨(주장하는 자 입증책임).
   (2) 가설건축물의 경우, 철거에 따른 손실보상 및 해당 시설에서의 영업손실보상을 청구할 수 없다.
   (3) 무허가건축물 등에서의 세입자에 대한 영업보상을 인정하는 것은 세입자의 경제적·사회적 지위 등을 고려한 합리적 차별임.
   (4) 영업손실보상에서 재결을 거쳤는지 판단하는 방법 : 보상항목별로 판단함. 잔여영업시설 손실보상을 포함하는 영업손실보상의 경우에는 '전체적으로 단일한 시설 일체로서의 영업' 자체가 보상항목이 되고, 세부 영업시설이나 영업이익, 휴업기간 등은 영업손실보상금 산정에서 고려하는 요소에 불과하다. 영업의 단일성·동일성이 인정되는 범위에서 보상금 산정의 세부요소를 추가로 주장하는 것은 하나의 보상항목 내에서 허용되는 공격 방법일 뿐이므로, 별도로 재결절차를 거쳐야 하는 것은 아니다.

농업보상

1. 농업손실보상의 의의 및 성격
   일실손실 및 생활보상 성격

2. 구체적 보상방법 및 내용
   (1) 보상의 방법
   단위경작면적당 농작물총수입 2년분, 실제소득 입증 시 실제소득 보상
   (2) 농업손실보상의 대상인 농지의 범위
   1) 농경지 및 실제경작토지(지목 임야인 경우는 X)
   2) 다음의 경우에는 농지로 보지 아니함.
   ① 사업인정고시일 등 이후 농지이용, ② 일시적 농지, ③ 불법점유 경작농지, ④ 농민이 아닌 자가 경작하고 있는 토지, ⑤ 2년 이상 계속 경작이 가능한 토지
   (3) 농업손실보상의 지급대상자
   ① 자경농 ② 자경농이 아닌 경우는 실경작자(소유자가 해당지역에 거주하는 경우에는 당사자 간 협의)

3. 농업손실보상청구권의 발생시점
   협의 및 재결 시에 영농보상 대상에 해당되지 않으면 청구권 발생 X

4. 농기구 등에 대한 보상
   농지의 2/3 이상 편입 시 농기구 보상

5. 손해배상
   보상금 미지급 및 사용승낙 없이 공사를 시행한 경우 손해배상 책임 인정

6. 실제소득 규정에 대한 정당보상 합치 여부 등
   (1) 정당보상 위반 여부
   손실보상은 재산권의 객관적 가치를 완전보상 하는 것이며, 농업손실을 공공필요에 의한 재산권 침해에 대하여 정당한 보상을 지급하도록 규정하고 있는데, 다수의 견해는 이를 객관적 가치를 완전히 보상하는 완전보상의 의미로 보고 있다. 사안의 경우 소득의 상한은 실제소득으로 가능한 범위까지의 기준을 정하는 것으로 정당보상의 범위에 해당

25일차 | 주거용 건축물 보상 특례

이해 : 주거이전비			
개념암기	주거용 건축물은 생활의 기반이 된다는 점에서 다양한 특례규정이 존재한다. 주거이전비, 비준가격, 최저보상액 등이 그러하다. 특히 주거이전비는 가장 분쟁이 많이 되는 항목으로서 적용대상 요건과 재결 전후를 구분하여 불복방법을 잘 정리해야 한다.		
주거이전비	**주거이전비**	**주거용 건축물 보상특례**	
재편입가산금	1. 의의 및 취지 　사업의 원활한 시행목적, 사회보장적 차원의 금원, 실비변상적 성격, 생활보상적 성격 2. 요건 (1) 소유자 　1) 소유자 주거이전비 요건(2개월분) 　　무허가건축물이 아닐 것, 실제거주하고 있을 것 　2) 주거용의 판단 　　① 공부상 용도와 실제 주거용인지로 판단 　　② 무단용도변경의 경우 귀책사유 없는 세입자만 보상 (2) 세입자(4개월분, 무상거주 세입자 포함) 　① 이주대책 대상자(소유자)인 타인 건물 세입자 X 　② 고시일(관계법령) 이전 3개월 이상 거주 세입자 (3) 주거이전비 지급 대상 　소유자 또는 세입자(가구원 X) 3. 주거이전비 산정방법 　도시근로자가구의 명목 가계지출비 기준 4. 주거이전비 보상청구권의 법적 성격 및 그 보상에 관한 분쟁의 쟁송철차와 소송의 형태 등 　주거이전비는 강행규정으로서 공법상 권리임. 　재결 전 → 실질적 당사자소송 청구 　재결 후 → 형식적 당사자소송 청구(보증소) **Tip** 1. 계속거주요건 : 소유자 O, 세입자 X 2. 불법용도변경 세입자 : 보상대상 X	1. 비준가격보상(시행규칙 제33조 제2항) 　"거래사례비교법 > 원가법"인 경우 비준가격 적용 2. 이주정착금(시행규칙 제53조) 　① 이주대책 미수립 　② 다른 지역으로 원하는 경우 　③ 주거건축물 평가액의 30%(1,200~2,400만원 내) 3. 최저보상액 600만원 보상(시행규칙 제58조) 　무허가건축물은 적용 X 4. 재편입 시의 가산금 지급(시행규칙 제58조) 　주거용 건축물이 20년 이내 재편입된 경우 　평가액의 30% 가산(1,000만원 상한) 　(무허가건축물은 적용대상 X, 관계법령 등에 의한 고시일 이후 취득은 적용대상 X) 5. 주거이전비의 보상(시행규칙 제54조) 　실제 거주하는 소유자 및 세입자 6. 이사비(시행규칙 제55조) 　가재도구 등 동산의 운반에 필요한 비용 7. 동산이전비(시행규칙 제55조 제1항) 　동산이전비용(이사비 대상 제외) 및 감손상당액	

이해 : 표준지공시지가 평가 절차

개념암기	표준지공시지가의 처분성 인정논의, 이의신청과 행정심판의 관계, 특히 행정소송에 있어서 처분이 있음을 안 날과 있은 날의 기산일 판단이 중요하다. 표준지조사평가지침의 법적 성질은 법령보충적 행정규칙으로서 해당 쟁점도 연관되기에 법령보충적 행정규칙도 함께 정리해야 한다.

표준지공시지가

1. 의의 및 취지
　① 부동산의 적정한 가격형성을 도모, ② 국토의 효율적 이용 및 국민경제발전, ③ 조세형평성을 향상

2. 법적 성질
　(1) 학설
　　① 행정행위설(후행행위에 구속력 인정)
　　② 행정계획설(지가정책집행의 활동기준)
　　③ 행정규칙설(지가정책의 사무처리기준)
　　④ 법규명령의 성질을 갖는 고시설
　(2) 판례(처분성 긍정) 및 검토(처분성 긍정)

3. 표준지공시지가의 공시절차
　표준지 선정 – 조사평가 – 의견청취 – 심의 – 공시

4. 표준지공시지가의 효력 및 적용
　(1) 효력(부동산공시법 제9조)
　　① 지가정보 제공, ② 토지거래 지표, ③ 국가·지방자치단체 등의 지가산정 기준, ④ 감정평가기준
　(2) 적용범위
　　① 토지평가기준, ② 개별공시지가 산정기준, ③ 행정목적을 위한 산정기준

5. 권리구제
　(1) 이의신청(강학상 이의신청)
　(2) 행정심판
　(3) 행정소송(행정심판 임의주의)
　　1) 원고적격(소유자 외 제3자도 가능)
　　2) 제소기간(안 날 = 있은 날 = 공시일)
　(4) 하자승계
　　1) 표준지공시지가와 과세처분(부정)
　　2) 표준지공시지가와 개별공시지가(부정)
　　3) 표준지공시지가와 재결(보증소)(긍정)
　　　① 별개의 법률효과로서 목적상이
　　　② 예측가능성 부정(개별통지규정 X)
　　　③ 수인한도성 부정(높은 주의의무)

27일차 | 개별공시지가

이해 : 개별공시지가의 산정절차 등
개념암기 — 개별공시지가의 처분성 인정논의, 이의신청과 행정심판의 관계, 특히 행정소송에 있어서 처분이 있음을 안 날과 있은 날의 기산일 판단이 중요하다. 비준표의 법적 성질(법령보충적 행정규칙) 및 정정신청에 대한 거부가 항고소송의 대상인 처분인지에 대한 논의도 중요하다.

개별공시지가

1. 의의 및 취지(부동산공시법 제10조)
조세 및 개발부담금 산정기준, 행정의 효율성 제고

2. 법적 성질
(1) 견해의 대립
　① 행정행위설(과세기준)
　② 행정규칙설(개별성, 구체성 결여)
　③ 사실행위(개별토지가격을 알리는 행위)
　④ 법규명령의 성질을 갖는 고시설
(2) 판례의 태도(처분성 긍정)
　토지초과이득세 또는 개발부담금 산정의 기준이 되어 국민의 권리나 의무 또는 법률상 이익에 직접적으로 관계되는 것으로서 처분성 긍정
(3) 검토(처분성 긍정)

3. 절차
(1) 절차
　지가산정(시·군·구) − 검증 − 의견청취 − 심의 − 고시
(2) 산정지가(비준표적용)와 다르게 정할 수 있는지
　검증 및 의견청취 등을 고려하여 다르게 결정 가능

> **Tip**
> **개별공시지가 위법성 판단기준**
> 개별토지가격이 현저하게 불합리한 것인지 여부는 그 가격으로 결정하게 된 경위, 인근 토지들에 대하여 적용된 가감조정비율, 표준지 및 인근 토지들의 지가상승률, 해당 토지에 대한 기준연도를 전후한 개별토지가격의 증감 등 여러 사정을 종합적으로 참작하여 판단하여야 한다.

4. 개별공시지가 정정
1) 정정사유 및 정정결정의 효력
　① 위산, 오기, 표준지 선정착오 등 명백한 오류정정
　② 소급효
2) 정정신청 거부 불복 가능성
　① 판례는 정정 신청권 부정
　② 행정절차법 제25조 및 정정규정 취지상 긍정 타당

5. 개별공시지가의 효력
(1) 개별공시지가의 효력
　① 국세, 지방세, 부담금 산정기준
　② 행정목적의 지가산정기준
(2) 개별공시지가의 위법성 판단
　규정된 절차 및 방법 준수 여부

6. 권리구제
(1) 이의신청
　① 부동산공시법상 행정심판 배제규정 X, ② 부동산공시법과 행정심판법은 절차 및 담당기관 등 차이가 있는 점을 고려하면 강학상 이의신청임.
(2) 행정심판(임의주의)
(3) 행정소송
　1) 원고적격(소유자 외 제3자 가능)
　2) 제소기간
　　① 있은 날 = 공고일
　　② 안 날 = 현실적으로 안 날
　　　(개별공시지가는 개별적 처분의 성질을 가지므로 현실적으로 안 날이 적용됨)

7. 하자승계(개별공시지가와 과세처분)
　1) 별개의 효과(지가산정 목적, 금전납부 목적)
　2) 예측가능성 및 수인한도성
　　① 개별공시지가 미통지 시 예측가능성 결여
　　② 부당하게 높은 주의의무

8. 개별공시지가와 손해배상
　조세산정기준 목적 외 활용은 인과관계 부정

> **Tip**
> **제소기간 관련(97누17204)**
> 개별공시지가와 같이 효력이 개별적으로 발생하는 경우에는 공고일에 처분이 있음을 알았다고까지 의제할 수 없어 제소기간을 실제로 처분이 있음을 안 날로부터 기산하여야 한다고 판시하였다. 다만, 별도의 고지절차를 취하지 않는 이상 알았다고 볼 경우가 흔치 않으므로 특별히 처분을 알았다고 볼 만한 사정이 없는 한 처분이 있은 날로부터 180일 내에 행정심판을 제기하여야 한다고 하였다.

> **Tip**
> **검증**
> 1. 의의 및 취지
> 2. 법적 성질 : 사실행위
> 3. 검증의 주체 및 책임
> 　① 주체 : 감정평가법인등(시·군·구청장 의뢰)
> 　② 책임 : 공무원 의제(형사책임 및 행정책임)
> 4. 검증의 종류 및 절차
> 　① 산정지가 검증
> 　② 의견제출지가 검증
> 　③ 이의신청지가 검증
> 5. 검증내용
> 　① 비교표준지 선정 적정성
> 　② 개별토지가격 산정 적정성
> 　③ 개별토지가격과 표준지공시지가 균형
> 　④ 개별토지가격과 인근 지가균형 유지
> 　⑤ 토지특성과 공부의 일치 여부
> 　⑥ 타 공시가격 토지특성과 일치 여부

| 개념암기 | 개별공시지가의 처분성 인정논의, 이의신청과 행정심판의 관계, 특히 행정소송에 있어서 처분이 있음을 안 날과 있은 날의 기산일 단단이 중요하다. 비준표의 법적 성질(법령보충적 행정규칙) 및 정정신청에 대한 거부가 항고소송의 대상인 처분인지에 대한 논의도 중요하다. |

정정

1. 의의 및 취지(부동산공시법 제12조)
   개별공시지가에 오류가 있는 경우 정정 / 개별공시지가의 적정성 확보

2. 정정사유
   ① 위산, 오기
   ② 표준지 선정의 착오
   ③ 공시절차를 완전하게 이행하지 아니한 경우
   ④ 용도지역 등 주요 요인의 조사를 잘못한 경우
   ⑤ 토지가격비준표 적용 오류

3. 정정절차
   ① 시·군·구 부동산가격공시위원회의 심의를 거쳐 정정사항 결정·공시
   ② 위산, 오기는 심의 없이 직권정정 가능

4. 정정효과
   주요 내용의 하자가 있어 정정하는 것은 당초 공시지가를 취소하고 새로이 개별공시지가를 결정하는 변경행위에 해당된다. 따라서 당초 공시지가는 그 효력을 상실하고 경정결정된 새로운 공시지가가 그 공시기준일에 소급하여 그 효력이 발생한다(대판 1994.6.14, 93누19566).

5. 관련판례
   (1) 정정신청에 대한 거부
       판례는 국민의 정정신청은 행정청의 직권발동을 촉구하는 것에 불과하며, 이른바 관념의 통지에 불과하여 법규상·조리상 신청권을 부정하였다.
   (2) 토지특성조사 착오가 명백한 경우에만 정정이 가능한지
       판례는 토지특성조사의 착오 또는 위산, 오기는 지가산정에 명백한 잘못이 있는 경우의 예시로서, 그 착오 등이 명백하여야만 정정결정을 할 수 있는 것은 아니라고 하였다.

6. 기타(이의신청과 정정)
   이의신청과 정정은 별개의 제도로서 이의신청기간이 경과되어도 정정은 가능하다.

28일차 — 부동산가격공시위원회

목표 : 부동산가격공시위원회 등	
개념암기	비준표의 법적 성질과 비준표를 적용한 산정지가와 공시되는 개별공시지가의 관계, 부동산가격공시위원회의 구성 및 권한내용, 공시가격의 성격이 정책가격인지를 중심으로 정리한다.

비준표	부동산가격공시위원회	공시가격의 성격
1. 의의, 취지, 근거(부동산공시법 제3조 제8항) 　① 지가형성요인에 관한 표준적인 비교표 　② 행정목적을 위한 지가산정 시 전문성 보완 2. 법적 성질(법령보충적 행정규칙) 　(1) 학설 　　① 행정규칙설(대외적 구속력 부정)(형식설) 　　② 법규명령설(대외적 구속력 긍정)(실질설) 　　③ 위헌무효설, 수권여부기준설 등 　(2) 판례 　　① 재산제세사무처리규정, 토지가격비준표의 법규성 긍정 　　② 실무기준의 법규성 부정 　(3) 검토(대외적 구속력 긍정) 3. 권리구제(구체적 규범통제) **Tip** **비준표대로 산정하지 않은 경우의 위법성** 비준표대로 산정한 후 검증과 심의를 거쳐 비준표를 적용하여 산정한 산정지가와 결정지가가 다른 경우에는 위법하지 않다. 그러나 최초 산정지가를 비준표를 적용하지 않고 산정하는 경우에는 위법하게 된다. **Tip** **비준표가 보상액 산정의 기준이 될 수 있는지?** 판례는 토지가격비준표는 개별공시지가 산정을 위한 자료로 제공되는 것으로 토지수용에 따른 보상액 산정의 기준이 되는 것은 아니고 단순히 참작자료에 불과하다고 하였다.	1. 의의 　① 부동산공시법상의 내용 및 관련된 사항 심의 　② 중앙부동산가격공시위원회 및 시·군·구 부동산가격공시위원회 2. 부동산가격공시위원회의 성격 　① 필수기관 　② 심의기관(의결기관과 자문기관의 중간 형태) 3. 중앙부동산가격공시위원회 　(1) 설치 및 운영 　　① 국토교통부장관 소속(위원장 : 국토교통부 제1차관) 　　② 재적위원 과반수 출석 개의, 출석위원 과반수 찬성 의결 　(2) 권한 　　① 부동산공시법령의 제정·개정에 관한 사항, ② 표준지, 표준주택, 비주거용 표준부동산의 선정 및 관리지침, 공시가격, 이의신청에 관한 사항, ③ 공동주택 및 비주거용 집합부동산의 조사산정지침, 공시가격, 이의신청에 관한 사항 등 심의 4. 시·군·구 부동산가격공시위원회 　(1) 설치 및 운영 　　① 시장·군수·구청장 소속(위원장 : 부시장, 부군수 또는 부구청장) 　　② 필요한 사항은 조례로 정함. 　(2) 권한 　　① 개별공시지가, 개별주택, 비주거용 개별부동산의 결정에 관한 사항 　　② 이의신청에 관한 사항 등 심의	1. 견해대립 　(1) 정책가격설(정책활용목적) 　(2) 시가설(각종 세금 부담기준 = 현실가격 반영) 2. 판례 개별토지가격의 적정성 여부는 규정된 절차와 방법에 의거하여 이루어진 것인지 여부에 따라 결정될 것이지 해당 토지의 시가와 직접적인 관련이 있는 것이 아니므로, 단지 개별지가가 시가를 초과한다는 사유만으로는 그 가격결정이 위법하다고 단정할 것은 아니다. 3. 검토(정책가격설)

29일차　감정평가법인등의 지위

이해 : 타당성조사 및 감정평가법인 등 지위

개념암기	타당성조사는 올바른 감정평가제도의 확립을 위한 제도로서 타당성 조사사유 및 중지사유를 명확히 숙지할 것. 감정평가법인등의 법률관계(권리 및 의무)와 법적 책임내용을 명확히 숙지할 것.

타당성조사	**타당성조사**	**감정평가법인등의 지위 등**

타당성조사

1. 타당성조사의 의의(감정평가법 제8조)
   직권 또는 관계기관 등의 요청에 따른 감정평가의 타당성 조사(절차와 방법 등에 대한 타당성 검토)

2. 타당성조사의 절차
   (1) 타당성조사 사유(감정평가법 시행령 제8조 제1항)
   ① 지도·감독 결과나 그 밖의 사유로 필요한 경우
   ② 관계기관 또는 감정평가의뢰인의 요청 시
   (2) 타당성조사 중지 사유
   ① 법원의 판결에 따라 확정된 경우
   ② 재판 중 또는 수사기관의 수사 중인 경우
   ③ 법령상 구제절차가 규정되어 있는 경우
   ④ 징계처분, 제재처분, 형사처벌 등을 할 수 없는 경우
   (3) 타당성조사 절차
   ① 조사착수 10일 내 통지(의견제출 등)
   ② 의견제출(통지일부터 10일 이내)
   ③ 타당성조사 결과 통지(해당 감정평가법인등, 이해관계인 및 의뢰인)

Tip

감정평가 심사
법인의 경우 다른 소속평가사가 심사

* 적정성 검토
  다른 법인등에 평가보고서 적정성 검토 요청
  (5년 이상 업무경력 및 100건 이상 실적 필요)

* 표본조사
  무작위추출 표본조사 : 각 분야별 무작위추출
  우선추출 표본조사 : 부실감정분야

감정평가법인등의 지위 등

1. 감정평가법인등의 지위 발생
   합격 – 수습 – 등록 – 사무소개설 및 법인설립

2. 권리(감정평가법)
   ① 감정평가권(법 제4조), ② 감정평가업무수행권(법 제10조), ③ 타인토지출입권(부동산공시법 제13조), ④ 명칭사용권(법 제22조), ⑤ 보수청구권(법 제23조), ⑥ 청문권(법 제45조), ⑦ 쟁송권 등이 있다.

3. 의무(감정평가법)
   ① 적정가격평가의무, ② 법령준수의무(헌법 및 감정평가법 등), ③ 성실의무(법 제25조), ④ 지도·감독인용의무(법 제47조), ⑤ 감정평가서 교부 및 보존의무(법 제6조), ⑥ 비밀엄수(법 제26조), ⑦ 명의대여 등의 금지(법 제27조), ⑧ 손해배상책임(법 제28조) 등

4. 책임(감정평가법)
   (1) 민사상 책임(법 제28조 손해배상)
   (2) 행정상 책임
   ① 인가취소 및 업무정지(법 제32조)
   ② 자격등록의 취소, 업무정지 및 견책(법 제39조)
   ③ 과징금(법 제41조) 및 과태료(법 제52조)
   (3) 형사상 책임(벌칙)
   ① 행정형벌(법 제49조 및 제50조)
   ② 뇌물수뢰죄(공적업무수행 시 법 제48조)

5. 감정평가법인등의 법률관계
   (1) 감정평가법인등과 국가의 관계(공법관계)
   　공적업무 수행 시 공무수탁사인 관계 형성가능
   (2) 감정평가법인등과 국민의 관계(사법관계)

양도, 대여, 부당행사 금지 🖊

1. 대여
   자격증 자체를 타인에게 대여하거나 본래의 목적 이외의 용도로 행사하게 하는 것을 의미한다.
2. 자격증 부당행사
   감정평가사가 감정평가법인에 적을 두기는 하였으나 해당 감정평가법인의 업무를 수행하거나 운영 등에 관여할 의사가 없고 실제로도 업무 등을 전혀 수행하지 아니하거나 수행한 업무의 양, 내용, 정도 등을 검토했을 때 소속 감정평가사로서 실질적으로 수행한 것으로 평가하기 어려운 정도라면 부당행사에 해당한다.

30일차　감정평가법인등 지위

이해 : 자격등록(갱신) – 사무소개설 및 법인설립인가

개념암기	자격등록 및 등록갱신은 처분성이 인정되어 그 거부나 부작위에 대한 항고쟁송이 가능함. 사무소개설 불가사유 및 법인설립 기본절차에 대한 명확한 이해가 요구됨.

등록, 신고, 허가	자격등록	등록갱신	사무소개설
	1. 의의 및 취지(감정평가법 제17조) 　자격요건 구비사실을 장부에 등재하여 유효한 것으로 받아들이는 것. 감정평가사의 효율적 관리 및 신뢰성 제고 도모 2. 법적 성질 　(1) 처분성 유무 　　1) 학설 　　　① 수리설(수리를 요하는 신고), ② 공증설(자격요건 충족사실을 공적으로 증명), ③ 허가설(감정평가업을 행할 수 있는 요건판단) 　　2) 판례 　　　'등록신청의 법적 성질은 사인의 공법행위로서의 신고이고, 등록은 해당 신고를 수리하는 것을 의미하는 준법률적 행정행위라 할 것' 　　3) 검토(처분성 인정) 　(2) 기속행위성(교부해야 함) 3. 요건(감정평가법 제18조) 및 절차(신청 – 등록증 교부) 　결격사유에 해당하지 않을 것, 실무수습을 이수할 것 4. 등록의 효과 및 권리구제 　감정평가업무 수행 지위 형성, 행정쟁송 가능	1. 의의 및 취지(감정평가법 제17조 제2항) 　① 종전등록의 법적 효과를 유지시키는 행위[등록갱신(5년주기)] 　② 감정평가의 적정성을 주기적으로 확인하여 감정평가제도의 신뢰성 도모 2. 법적 성질(처분성 및 기속행위성) 3. 갱신등록요건 및 절차 　① 등록일부터 5년이 되는 날의 60일 전까지 신청 　② 등록거부요건에 해당하지 않을 것 4. 효과 및 권리구제 　종전 등록효과 유지, 거부나 부작위에 대한 행정쟁송 가능	1. 사무소개설 목적 및 법적 효력 　감정평가업무 수행을 위한 법적 지위 형성 2. 사무소개설 불가사유 　① 등록거부사유에 해당되는 자 　② 인가취소된 법인의 사원 또는 이사로서 1년 미경과 또는 업무정지 중인 법인의 사원 또는 이사 　③ 업무정지 중인 감정평가사 3. 준수사항 및 법률상 의무 　① 중복개설 금지 및 업무수행 　② 감정평가사사무소 명칭사용 4. 합동사무소(감정평가사 2명 이상)

31일차　감정평가법인등 지위

이해 : 자격등록(갱신) – 사무소개설 및 법인설립인가

개념암기	자격등록 및 등록갱신은 처분성이 인정되어 그 거부나 부작위에 대한 항고쟁송이 가능함. 사무소개설 불가사유 및 법인설립 기본절차에 대한 명확한 이해가 요구됨.

고용인 신고	감정평가법인 설립	감정평가법인의 성실의무 등
1. 신고의 개념 및 종류 　① 수리를 요하는 신고(행위요건적), 수리를 요하지 않는 신고(자기완결적) 　② 정보제공적 신고, 금지해제적 신고 2. 고용인 신고 　고용 시(업무개시 전), 고용관계 종료 시(10일 내) 3. 고용인 신고의 법적 성질 　(1) 관련 판례 　　대법원은 관계법이 실질적 적법요건을 규정한 경우에는 행위요건적 신고로 보며, 그렇지 않은 경우 자기완결적 신고로 보았다. ① 건축법상 신고는 자기완결적 신고, ② 건축주명의변경신고는 행위요건적 신고로 판시한 바 있다. 　(2) 검토 　　① 소속평가사신고(자기완결적 신고 : 등록증 제출) 　　② 사무직원신고(행위요건적 신고 : 결격사유 판단) 4. 고용인 신고 거부의 처분성 　무신고를 이유로 한 불이익처분의 예방을 위한 권리보호 필요 인정(판례) **Tip** 소속평가사 신고는 자기완결적 신고이지만, 금지해제적 신고로서 금지규정을 두고 있기에 이를 위반하였음을 이유로 행정형벌이 부과될 수 있기에 수리거부의 처분성을 긍정함이 타당하다.	1. 의의 및 취지(감정평가법 제29조) 　법률행위를 보충하여 효력을 완성시키는 행위 2. 법적 성질 　(1) 형성적 행정행위(기본행위 효력 완성) 　(2) 기속행위성 3. 요건 및 절차 　(1) 요건(감정평가법 제29조) 　　① 사원 또는 이사가 감정평가사일 것 　　② 주사무소·분사무소는 최소인원을 충족할 것 　　③ 정관내용이 법령에 적합할 것 　　④ 인가 후 설립등기를 할 것 　(2) 절차 　　① 정관작성 후 신청 　　② 정관내용이 법령에 적합한지 등 심사(신청일로부터 20일 내) 　　③ 설립등기(인가 후 1개월 내) 4. 인가의 효과와 권리구제 　(1) 인가의 효과(보충적 효력) 　(2) 인가자체에 하자가 있는 경우(행정쟁송) 　(3) 기본행위에 하자가 있는 경우 　　① 기본행위 무효 또는 취소 시(설립인가 무효) 　　② 기본행위에 하자가 있는 경우의 소의 이익 　　　기본행위를 다투어야 하며 기본행위의 하자를 이유로 인가처분의 취소 또는 무효확인을 소구할 법률상 이익이 없다(판례).	1. 법인에 대한 성실의무 　판례는 실질적인 감정평가업무는 소속감정평가사에 의해 이루어질 수밖에 없으므로, 감정평가법인이 감정평가의 주체로서 부담하는 성실의무란 소속 감정평가사에 대한 관리·감독의무를 포함하여 감정평가서 심사 등을 통해 감정평가 과정을 면밀히 살펴 공정한 감정평가 결과가 도출될 수 있도록 노력할 의무를 의미한다고 판시하였다. 2. 관련판례 　(1) 가격조사 의무와 성실의무 　　판례는 감정평가사는 성실하고 공정하게 자료검토 및 가격형성요인 분석을 할 의무가 있고, 특히 특수한 조건을 반영하거나 현재가 아닌 시점의 가격을 기준으로 하는 경우 구체적인 비교분석을 통해 산출근거를 논리적으로 밝히는데 신중을 기해야 하며, 논리적인 가격형성요인 분석이 어렵다고 하여 자의적으로 평가해서는 안 된다고 판시한 바 있다. 　(2) 평가서 기재와 성실의무 　　판례는 감정평가서에는 평가원인을 구체적으로 특정하여 명시함과 아울러 각 요인별 참작 내용과 정도가 객관적으로 납득이 갈 수 있을 정도로 설명됨으로써, 그 평가액이 해당 토지의 적정가격을 평가한 것임을 인정할 수 있어야 한다고 하였다.

32일차   책임과 의무 및 징계

이해 : 손해배상, 징계 및 징계의 공고 등

개념암기	손해배상책임은 그 요건이 중요하므로 각 요건의 의미를 명확히 숙지하고 있어야 하며, 손해배상을 담보하기 위한 조치(보증보험 가입 및 공제사업 가입)와 이러한 조치를 취하지 않은 경우 인가취소 및 과태료 부과대상임을 확인함. 과징금은 변형된 의미의 과징금으로 그 개념과 제도적 취지를 숙지하여야 함.

과징금	손해배상		과징금
변형된 의미의 과징금	1. 손해배상책임의 의의 및 취지(감정평가법 제28조) 　① 고의 또는 과실에 의한 손해배상 책임(적정가격과의 현저한 차이 발생) 　② 평가의뢰인 및 제3자 보호도모 2. 감정평가의 법률관계 　(1) 공법관계 및 사법관계(계약 및 공익고려) 　(2) 도급계약인지 위임계약인지(위임노무계약) 3. 감정평가법 제28조와 민법 제750조와의 관계 　특칙설(면책설) vs 보험관계설(특칙 X)(판례) 4. 손해배상책임의 요건 　(1) 고의(부당감정 인지) 또는 과실(주의의무 결여) 　(2) 부당한 감정평가 　　1) 적정가격과의 현저한 차이(귀책사유 등 고려하여 사회통념에 따라 판단) 　　2) 거짓의 기재 　(3) 의뢰인 및 선의의 제3자에 대한 손해발생 　(4) 인과관계 　(5) 위법성(부당감정 개념에 포함) **Tip** 선의의 제3자 1. 허위 또는 적정가격과의 현저한 차이 미인식 2. 타인 및 평가외 목적으로 사용불가 미인식	5. 손해배상책임의 내용 　(1) 손해배상범위 　　적정가격과의 현저한 차이로 인해 발생된 손해범위 중 실제 피해액(과실상계 인정) 　(2) 임대차 조사내용 　　감정평가대상은 아니지만 잘못된 조사로 인한 손해배상책임 인정(판례) 　(3) 손해배상책임의 보장 　　1) 손해배상책임의 보장 　　　① 보증보험(1인당 1억 이상) 및 공제사업가입(협회) 　　　② '①'로 보장되지 않는 부분이 있는 경우에는 다른 손해배상책임보험 추가 가입 　　2) 필요한 조치를 하지 않은 경우 행정상 제재 　　　① 법인설립인가 취소(시행령 별표3) 　　　② 400만원 이하 과태료(감정평가법 제52조 제2항) 　　　③ (별표3)에서는 인가취소로 규정하고 있으나, 업무정지 및 과징금이 가능하다고 판단되는 경우에는 업무정지 및 과징금도 가능할 것으로 사료됨. 　(4) 국토교통부장관에 대한 통지(손해 확정판결 시) 6. 관련문제 　소멸시효(10년) 및 허위감정죄(감정평가법 제49조)	1. 제도의 취지 및 근거(감정평가법 제41조) 　의무위반 행위로 얻은 경제적 이익 박탈 2. 개념 및 구별개념 　(1) 과징금의 의의 및 구별개념 　　위반행위로 얻은 경제적 이익 박탈 목적, 의무위반에 대한 벌인 벌칙 및 과태료와 구별 　(2) 감정평가법상 과징금의 의미 및 취지(감정평가법 제41조) 　　업무정지로 인한 공적업무수행 침해 방지 3. 법적 성질(급부하명, 재량행위) 4. 요건 및 절차 　(1) 요건(공익에 영향을 미칠 우려가 있을 것) 　(2) 절차(납부통지 – 60일 내 납부 – 미납 시 강제징수) 　　① 위반행위의 내용과 정도, ② 위반행위의 기간과 위반횟수, ③ 위반행위로 취득한 이익의 규모를 고려하여 5천만원 이하(법인은 5억)의 과징금 부과, ④ 1/2 범위 내 가중 또는 감경 가능 　(3) 과징금의 승계(감정평가법 제41조 제3항) 　　법인 합병 시, 합병 후 존속하거나 합병에 의하여 신설된 감정평가법인이 행한 행위로 보아 부과 · 징수 가능 5. 권리구제 　(1) 이의신청(감정평가법 제42조) 　　30일 내 이의신청 – 30일 내 결정(30일 연장 가능) 　(2) 행정심판(감정평가법 제42조 제3항) 　(3) 항고소송 및 부당이득반환청구소송

33일차　책임과 의무 및 징계

이해 : 행정벌, 징계위원회, 징계의 공고 등

개념암기	의무위반에 따른 금전적 제재인 벌금, 과징금, 과태료의 법적 성격과 중복부과 가능성에 대해 숙지할 것. 징계위원회는 의결기관으로서 판단여지의 영역이며(이견 있음), 자격취소 및 등록취소가 행정절차법상 청문의 대상인지가 문제될 수 있음. 징계공고는 공고기간과 공고행위의 처분성에 대한 이해가 요구됨.

행정벌	(감정평가 관리 및) 징계위원회	징계공고(감정평가법 제39조의2)
1. 의의(행정형벌 및 행정질서벌) 　① 행정형벌 : 중한 의무를 위반한 때의 제재 　② 행정질서벌(과태료) : 경미한 의무 위반 제재 2. 행정형벌 　(1) 행정형벌의 의의(형법총칙 적용) 　　① 중한 의무를 위반한 경우에 주어지는 벌 　　② 징역형 또는 벌금형 　(2) 벌칙적용에서 공무원 의제(감정평가법 제48조) 3. 양벌규정(감정평가법 제51조) 　법인의 대표자 또는 개인에게도 벌금형 부과(상당한 주의와 감독을 다한 경우에는 양벌규정 배제) 4. 행정질서벌(과태료) 　(1) 행정질서벌의 의의(경미한 의무위반) 　(2) 절차(과태료처분의 부과 – 60일 내 이의신청) 　(3) 행정형벌과 행정질서벌의 중복부과 　　① 대법원(목적 및 성질을 달리하여 중복부과 가능) 　　② 헌법재판소(입법권 남용 여지 있음)	1. 징계위원회의 의의 및 법적 성격(감정평가법 제40조) 　감정평가사 징계에 관한 사항을 의결하는 의결기관 2. 징계위원회의 내용 　(1) 설치(국토교통부) 및 구성 　　① 13명의 위원(위원장 1명, 부위원장 1명 포함) 　　② 위원장(국토교통부장관 위촉 또는 지명) 　(2) 위원의 임기(2년 1회 연임) 및 제척·기피 3. 징계의 절차 　(1) 징계의결 요구(위반사유 발생 5년 이내) 　(2) 의결 　　① 의결 요구일로부터 60일 내(30일 연장) 의결 　　② 구술 또는 서면의 의견진술 기회 부여 　　③ 위원 과반수출석 및 출석위원 과반수찬성 의결 　(3) 징계사실의 서면통보(당사자 및 협회) 4. 징계의결의 하자 　(1) 의결에 반하는 처분(무효) 　(2) 의결을 거치지 않은 처분(무효) 5. 징계의 종류 　자격취소, 등록취소, 2년 이하의 업무정지, 견책 6. 권리구제(행정쟁송) 　위원회 의결에 대한 위법성 판단(판단여지 영역)	1. 의의 및 취지 　① 징계사실 공고(관보 또는 인터넷 홈페이지) 　② 감정평가제도의 신뢰도 향상 도모 2. 공고의 내용 　감정평가사의 이름, 징계의 내용, 징계 사유, 징계처분의 효력발생일 등 3. 공고기간 　① 자격취소 및 등록취소 : 3년 　② 업무정지 : 업무정지기간(3개월 미만은 3개월) 　③ 견책 : 3개월 4. 징계 정보의 열람 신청 　① 자격취소 및 등록취소 : 과거 10년 　② 업무정지 : 과거 5년 　③ 견책 : 과거 1년 5. 공고의 처분성 　행정상 공표는 사실행위이나 명예·신용·평판 등 감정평가 업무수행에 영향을 미칠 수 있기에 처분성을 인정함이 타당(판례는 명단공표의 처분성 인정)

PART 03

도시 및 주거환경정비법 서브노트

01일차　조합설립인가, 사업시행계획인가 및 관리처분계획인가

이해 : 도시 및 주거환경정비법상 협의소익, 대상적격 및 하자승계 쟁점 유형을 정리한다.

개념암기	의무위반에 따른 금전적 제재인 벌금, 과징금, 과태료의 법적 성격과 중복부과 가능성에 대해 숙지할 것. 징계위원회는 의결기관으로서 판단여지의 영역이며(이견 있음), 자격취소 및 등록취소가 행정절차법상 청문의 대상인지가 문제될 수 있음. 징계공고는 공고기간과 공고행위의 처분성에 대한 이해가 요구됨.

	조합설립인가에 대한 불복	사업시행계획인가에 대한 불복	관리처분계획인가
조합설립인가에 대한 불복 사업시행계획인가에 대한 불복 관리처분계획인가 이전고시 관리처분과 청산금 하자승계(대판 2007.9.6, 2005두11951)	**1. 조합설립인가의 법적 성질** 행정청의 조합설립인가처분은 조합에 정비사업을 시행할 수 있는 권한을 갖는 행정주체(공법인)로서의 지위를 부여하는 일종의 설권적 처분의 성격을 가진다(대판 2014.5.22, 2012도7190). **2. 기본행위의 하자를 이유로 인가처분의 취소 또는 무효확인을 구할 수 있는지** 조합설립결의는 조합설립인가처분에 필요한 요건 중의 하나에 불과하므로 조합설립결의에 하자가 있음을 이유로 재개발조합설립의 효력을 부정하려면 항고소송으로 조합설립인가처분의 효력을 다투어야 한다(대판 2009.9.24, 2008다60568). 기본행위에 하자가 있다고 하더라도 인가처분 자체에 하자가 없다면 따로 그 기본행위의 하자를 다투는 것은 별론으로 하고 기본행위의 하자를 내세워 바로 그에 대한 행정청의 인가처분의 취소를 구할 수는 없다(대판 2005.10.14, 2005두1046).	**1. 법적 성질** 사업시행계획인가는 사업시행계획의 효력을 완성시켜 사업시행계획이 조합원에 대하여 구속력을 가지도록 하는 점에서는 강학상 인가이다(대판 2021.2.10, 2020두48031). 토지등소유자가 직접 사업을 시행하는 경우에는 사업시행자의 지위를 창설하는 점에서는 강학상 특허라고 보는 것이 타당하다(대판 2013.6.13, 2011두19994). **2. 기본행위의 하자를 이유로 한 인가처분에 대한 불복** 사업시행계획은 관할 행정청의 인가·고시가 이루어지면 이해관계인들에게 구속력이 발생하는 독립된 행정처분(구속적 행정계획)에 해당하고, 관할 행정청의 사업시행계획 인가처분은 사업시행계획의 법률상 효력을 완성시키는 보충행위(학문상 인가)에 해당한다. 인가처분에는 고유한 하자가 없는데 사업시행계획에 하자가 있다면 사업시행계획의 무효확인이나 취소를 구하여야 할 것이지 사업시행계획의 무효를 주장하면서 곧바로 그에 대한 인가처분의 무효확인이나 취소를 구하여서는 아니 된다(대판 2021.2.10, 2020두48031).	**1. 법적 성질** 관리처분계획에 대하여 관할 행정청의 인가·고시까지 있게 되면 관리처분계획은 행정처분으로서 효력이 발생하게 된다. **2. 기본행위의 하자를 이유로 한 인가처분에 대한 불복** 총회결의의 하자를 이유로 하여 행정처분의 효력을 다투는 항고소송의 방법으로 관리처분계획의 취소 또는 무효확인을 구하여야 하고, 그와 별도로 행정처분에 이르는 절차적 요건 중 하나에 불과한 총회결의 부분만을 따로 떼어내어 효력 유무를 다투는 확인의 소를 제기하는 것은 특별한 사정이 없는 한 허용되지 않는다(대판 2009.9.17, 2007다2428). 또한, 인가처분에 하자가 없다면 기본행위에 하자가 있다 하더라도 따로 그 기본행위의 하자를 다투는 것은 별론으로 하고 기본행위의 무효를 내세워 바로 그에 대한 행정청의 인가처분의 취소 또는 무효확인을 소구할 법률상의 이익이 있다고 할 수 없다(대판 2001.12.11, 2001두7541).

이해 : 도시 및 주거환경정비법상 협의소익, 대상적격 및 하자승계 쟁점 유형을 정리한다.

개념암기	의무위반에 따른 금전적 제재인 벌금, 과징금, 과태료의 법적 성격과 중복부과 가능성에 대해 숙지할 것. 징계위원회는 의결기관으로서 판단여지의 영역이며(이견 있음), 자격취소 및 등록취소가 행정절차법상 청문의 대상인지가 문제될 수 있음. 징계공고는 공고기간과 공고행위의 처분성에 대한 이해가 요구됨.

조합설립인가에 대한 불복	이전고시	관리처분과 청산금 하자승계 (대판 2007.9.6, 2005두11951)	
사업시행계획인가에 대한 불복	1. 수용재결 및 이의재결에 대한 항고소송 　이전고시에 대해서는 항고소송을 제기할 수 있으나, 이전고시의 효력이 발생한 이후에는 조합원 등은 수용재결이나 이의재결의 취소 또는 무효확인을 구할 법률상 이익이 없다. 2. 관리처분계획에 대한 항고소송 　관리처분계획은 처분이므로 항고소송의 대상이 된다. 이전고시가 효력을 발생하게 된 이후에는 관리처분계획의 취소 또는 무효확인을 구할 소의 이익이 없다는 것이 판례의 입장이다. 3. 이전고시에 대한 항고소송 　이전고시가 효력을 발생한 후에는 정비사업의 공익적·단체법적 성격과 이전고시에 따라 형성된 법률관계에 대한 법적 안정성을 보장할 필요를 고려하여 이전고시의 취소 또는 무효확인소송을 인정하지 않는 것이 판례의 입장이다.	관리처분계획은 주택재개발사업에서 사업시행자가 작성하는 포괄적 행정계획으로서 사업시행의 결과 설치되는 대지를 포함한 각종 시설물의 권리귀속에 관한 사항과 그 비용분담에 관한 사항을 정하는 행정처분이고, 청산금부과처분은 관리처분계획에서 정한 비용분담에 관한 사항에 근거하여 대지 또는 건축시설의 수분양자에게 청산금 납부의무를 발생시키는 구체적인 행정처분으로서, 청산금부과처분이 선행처분인 관리처분계획을 전제로 하는 것이기는 하나 위 두 처분은 각각 단계적으로 별개의 법률효과를 발생시키는 독립된 행정처분이라고 할 것이므로, 관리처분계획에 불가쟁력이 생겨 그 효력을 다툴 수 없게 된 경우에는 그 관리처분계획에 위법사유가 있다 할지라도 그것이 당연무효의 사유가 아닌 한 관리처분계획상의 하자를 이유로 후행처분인 청산금부과처분의 위법을 주장할 수는 없다.	
관리처분계획인가			
이전고시			
관리처분과 청산금 하자승계(대판 2007.9.6, 2005두11951)			

서·브·노·트 및 개·념·노·트

부록

1 행정법 개념 암기표

행정법 암기 개념

서설 및 조직법	행정작용법		구제수단	소송요건	본안(위법)	판결	기타
행정법	행정행위	행정상 입법	사법적 통제	소송법상 처분	무효	판결	공정력
행정작용법	제3자효 행정행위	법규명령	추상적 규범통제	공권력 행사	취소	소송판결	선결문제
행정구제법	적극적 행정행위	위임명령	구체적 규범통제	거부	중대명백설	본안판결	구성요건적 효력
공익	소극적 행정행위	집행명령	직접적 통제	원고적격	하자의 중대성	기각판결	불확정 개념
법률관계	개별처분	대통령령/부령	간접적 통제	법률상 보호되는 이익	하자의 명백성	인용판결	판단여지
권력관계	일반처분		권리구제형 헌법소원	경업자소송	위법성 판단 처분시설	형성판결	인허가의제제도
개인적 공권	하명	행정계획		경원자소송	위법성 판단 판결시설	확인판결	하자승계
반사적 이익	허가	형량명령이론	행정구제	협의의 소익	처분사유 추가변경	이행판결	
행정기관	면제		행정쟁송	확인의 이익		각하판결	
행정청	특허	사실행위	행정심판	제소기간	하자의 치유	사정판결	
협의	인가	행정지도	행정소송	처분이 있음을 안 날	침해적 처분절차	형성력	
동의	대리	행정조사	주관적 쟁송	처분이 있은 날	이유제시	대세적 효력	
법의 일반원칙	확인		객관적 쟁송		이유제시의 하자	기속력	
평등의 원칙	공증	대집행	행정소송	원처분주의	청문	반복금지효	
자기구속의 원칙	통지	과징금	항고소송	재결주의	공청회	기판력	
비례의 원칙	수리	행정벌	취소소송		의견제출		
적합성	신고	과태료	무효등확인소송		의견제출절차		
필요성	자기완결적 신고		부작위위법확인소송		권익을 제한하는 처분		
상당성	수리를 요하는 신고		부작위		의무를 부과하는 처분		
신뢰보호의 원칙	정보제공적 신고		의무이행소송				
실권의 법리	금지해제적 신고		예방적 부작위청구소송		관련청구소송의 병합		
적법절차의 원칙	기속행위		당사자소송		제3자의 소송참가		
권리남용금지의 원칙	재량행위		손해전보		행정청의 소송참가		
부당결부금지의 원칙	재량권의 한계		결과제거청구권				
원인적 관련성	재량권의 일탈		행정상 손해배상		집행정지		
목적적 관련성	재량권의 남용		형식적 당사자소송				
	부관		실질적 당사자소송				

행정법 기본개념	
순서	**1. 서설 및 조직법**
0	**행정법** 행정의 조직, 작용 및 행정구제에 관한 국내공법
0	**행정작용법** 국민에 대한 대외적 관계 및 행정기관의 권한을 규율하는 법
0	**행정구제법** 행정권에 의해 가해진 권익침해에 대한 구제를 규율하는 법(행정심판법 및 행정소송법 등)
0	**공익** 공동체(국가 또는 지방자치단체) 구성원 전체의 이익
0	**법치행정의 원칙** 행정권도 법에 따라서 행해져야 하며, 국민의 권익이 침해된 경우에는 구제제도가 보장되어야 한다.
0	**법률우위의 원칙** 행정이 법에 위반하여서는 안 된다는 원칙
0	**법률유보의 원칙** 행정의 권한행사는 법적 근거가 있어야 한다는 원칙
0	**법의 일반원칙** 행정법질서의 기초를 이루는 일반원칙(신뢰보호의 원칙, 비례의 원칙, 평등의 원칙 등)
0	**평등의 원칙** 불합리한 차별을 하여서는 안 된다는 원칙
0	**자기구속의 원칙** 행정관행이 성립된 경우 특별한 사정이 없는 한 이에 구속되는 원칙
0	**비례의 원칙** 행정목적과 수단 사이에는 합리적인 비례관계가 있어야 한다는 원칙
0	**적합성의 원칙** 행정목적의 달성에 적합한(유용한) 수단을 선택해야 한다는 원칙
0	**필요성의 원칙** 적합한 수단이 여러 가지인 경우에 국민의 권리를 최소한으로 침해하는 수단을 선택해야 한다는 원칙
0	**상당성의 원칙** 달성되는 공익보다 침해되는 사익 또는 공익이 큰 경우에는 행정권한을 행사해서는 안 된다는 원칙
0	**신뢰보호의 원칙** 행정기관의 선행조치에 국민의 신뢰가 형성된 경우에 국민의 신뢰를 보호해야 한다는 원칙
0	**실권의 법리** 행정권 불행사에 대한 국민의 신뢰가 형성된 경우 행정권한을 행사할 수 없는 법리
0	**적법절차의 원칙** 모든 국가작용은 적법절차에 따라 행하여져야 한다는 원칙
0	**권리남용금지의 원칙** 행정청은 행정권한을 남용하거나 그 권한의 범위를 넘어서는 안 된다는 원칙
0	**부당결부금지의 원칙** 행정청의 권한행사와 실질적 관련성이 없는 반대급부를 결부시켜서는 안 된다는 원칙
0	**행정기관** 행정권한을 행사하는 행정조직의 구성단위
0	**행정청** 의사를 결정하여 자신의 이름으로 외부에 표시할 수 있는 권한을 가진 행정기관

1	**공권** 공법관계에서 직접 자기를 위하여 일정한 이익을 주장할 수 있는 법률상의 힘
1	**개인적 공권** 개인이 직접 자기의 이익을 위하여 행정주체에게 일정한 행위를 할 것을 요구할 수 있는 힘
1	**반사적 이익** 제도 시행 등으로 인해 개인이 누리는 이익이지만 법률에 의해 보호되는 이익이 아닌 경우
1	**무하자재량청구권** 행정청에게 하자 없는 재량권 행사를 요구할 수 있는 권리
1	**협의** 관계기관을 구속하지 않는 자문 등
1	**동의** 권한행사 처분청을 구속하는 의견. 동의의견 또는 부동의의견에 구속되며, 이에 반하는 처분은 무효임
순서	**2. 행정작용법**
0	**법률관계** 법주체 상호 간의 권리의무관계
0	**공권력** 공행정주체에 부여되는 우월적 지위
0	**공법관계** 공법이 적용되는 법률관계
0	**권력관계** 행정주체가 우월적인 지위에서 국민에 대하여 가지는 일방적인 조치(법률행위 또는 사실행위)관계
0	**국고관계** 행정주체가 사인과 같은 지위에서(사법상의 재산권의 주체로서) 사인과 맺는 법률관계
0	**행정주체** 행정을 행하는 법주체
0	**행정객체** 행정의 상대방
0	**불가쟁력** 불복기간이 경과하여 더 이상 그 행정행위의 효력을 다툴 수 없게 하는 효력
0	**불가변력** 행정청이 해당 행정행위를 직권으로 취소 또는 변경할 수 없게 하는 힘
0	**법률요건** 법률관계의 발생·변경·소멸의 원인이 되는 것
0	**제척기간** 일정한 권리에 관하여 법률이 정한 존속기간
0	**행정행위** 행정청이 행하는 구체적 사실에 대한 법집행으로서 행하는 권력적 단독행위
0	**명령적 행위** 인간이 본래 가지는 자연적 자유를 규율(하명, 허가, 면제)하는 행위
0	**형성적 행위** 상대방에게 권리나 능력을 창설하는 행위
0	**기속행위** 행정권 행사의 요건과 효과가 법에 일의적으로 규정되어 있는 행위
0	**재량행위** 행위의 요건이나 효과의 선택에 행정청의 재량이 인정되는 행위
0	**침해적 행정행위** 행정행위 상대방의 권익을 침해하는 행위
0	**수익적 행정행위** 행정행위 상대방에게 이익을 부여하는 행위
0	**이중효과적 행정행위** 하나의 행정행위가 이익과 불이익의 효과를 동시에 발생시키는 행위

0	**제3자효 행정행위** 상대방에게는 이익을 주고 제3자에게는 불이익을 주는 행위
0	**혼합효 행정행위** 상대방에 대하여 동시에 수익적 효과와 침해적 효과를 발생시키는 행위
0	**적극적 행정행위** 허가 또는 특허 등 적극적으로 현재의 법률상태에 변동을 초래하는 행위
0	**소극적 행정행위** 거부 또는 부작위처럼 현재의 법률상태의 변동을 가져오지 않는 행위
0	**개별처분** 행정행위의 상대방이 특정되어 있는 행정행위
0	**일반처분** 불특정 다수인을 상대방으로 하여 불특정 다수인에게 효과를 미치는 행정행위
0	**재량권** 행정권을 행사함에 있어서 둘 이상의 다른 내용의 결정 또는 행태 중에서 선택할 수 있는 권한
0	**재량행위** 재량권의 행사에 의해 행해지는 행정행위
0	**결정재량권** 행정기관이 행정권을 행사함에 있어 어떠한 행정결정을 하거나 하지 않을 수 있는 권한
0	**선택재량권** 행정기관이 행정권을 행사함에 있어 둘 이상의 조치 중 선택을 할 수 있는 권한
0	**기속재량행위** 원칙상 기속행위이지만 공익을 고려하여 거부할 수 있는 행위
0	**재량권의 한계** 재량권의 일탈 또는 남용(법규정위반, 일반원칙위반, 목적위반, 사실오인)
0	**재량권의 일탈** 재량권의 외적 한계를 벗어난 것
0	**재량권의 남용** 재량권의 내적 한계, 즉 재량권이 부여된 내재적 목적을 벗어난 것
0	**재량권의 불행사** 재량권을 행사함에 있어 고려하여야 할 구체적 사정을 고려하지 않은 경우
0	**재량권의 해태** 재량권 행사에 있어 고려하여야 하는 구체적 사정을 충분히 고려하지 않은 것
0	**하명** 작위, 부작위, 급부 또는 수인의무를 명하는 행위(부작위의무를 명하는 행위를 금지라고 한다)
0	**허가** 상대적 금지(허가조건부 금지)를 일정한 요건을 갖춘 경우에 해제하여 주는 행위
0	**면제** 법령에 의해 정해진 작위의무, 급부의무 또는 수인의무를 해제해 주는 행정행위
0	**특허** 권리, 능력, 법적 지위, 포괄적 법률관계를 설정하는 행위
0	**인가** 타인의 법률적 행위를 보충하여 그 법률적 효력을 완성시켜 주는 행정행위
0	**공법상 대리** 제3자가 하여야 할 행위를 행정기관이 대신하여 행하는 것(토지수용위원회의 재결 등)
0	**확인행위** 특정한 사실 또는 법률관계의 존부 또는 정부에 관하여 행정청이 공적으로 확인하는 행위
0	**공증행위** 특정의 사실 또는 법률관계의 존재를 공적으로 증명하는 행정행위
0	**통지행위** 특정인 또는 불특정 다수인에게 특정한 사실을 알리는 행정행위
0	**성립요건** 행정행위가 성립하여 존재하기 위한 최소한의 요건(내부요건(의사결정) 및 외부요건(표시))
0	**효력발생요건** 행정행위가 상대방에 대하여 효력을 발생하기 위한 요건을 말한다(통지 및 도달).
0	**도달** 상대방이 알 수 있는 상태에 두어진 것
0	**유효요건** 위법한 행정행위가 무효가 되지 않고 효력을 갖기 위한 요건
0	**행정행위의 하자** 위법 또는 부당과 같이 행정행위의 효력의 발생을 방해하는 사정
0	**위법** 법의 위반
0	**부당** 법을 위반 함이 없이 공익 또는 합목적성 판단을 잘못한 것
0	**위법성 판단시점** 행정행위 시의 법령 및 사실상태를 기준으로 판단
0	**행정행위의 부존재** 행정행위라고 볼 수 있는 외관이 존재하지 않는 경우
0	**행정행위의 무효** 행정행위가 외관상 성립하였으나, 하자가 중대하여 처음부터 효력이 발생되지 않는 경우
0	**행정행위의 취소** 위법한 행정행위의 효력을 그 위법을 이유로 상실시키는 것
0	**중대명백설** 하자의 내용이 중대하고, 외관상 명백하면 무효이고 그 중 어느 한 요건이 결여된 경우에는 취소사유로 보는 견해
0	**하자의 중대성** 행정행위가 중요한 법률요건을 위반하고 그 흠이 내용상 중대하다는 것
0	**하자의 명백성** 하자가 일반인의 인식능력을 기준으로 할 때 외관상 일견 명백하다는 것
0	**형식상 하자** 주체에 관한 하자, 절차에 관한 하자, 형식에 관한 하자
0	**내용상 하자** 내용에 관한 하자
0	**적법절차의 원칙** 공권력 행사는 적법한 절차에 따라 행해져야 한다는 원칙
0	**권익을 제한하는 처분** 수익적 행정행위(허가)의 취소 또는 정지처분 등
0	**의무를 부과하는 처분** 조세부과처분, 시정명령과 같이 행정법상의 의무를 부과하는 처분
0	**행정행위의 실효** 유효한 행정행위의 효력이 일정한 사실의 발생으로 장래에 향하여 소멸하는 것
1	**법규명령** 행정권에 의해 정립되는 법규범
1	**사인의 공법행위** 사인이 공법상의 권리와 의무로서 하는 행위
1	**신청** 행정청에 대하여 일정한 조치를 취하여 줄 것을 요구하는 의사표시
1	**하자의 치유** 성립 당시의 절차상 하자를 처분 이후에 보완하여 그 위법을 시정하는 것
1	**행정행위의 전환** 무효인 행정행위가 다른 행정행위의 요건을 충족하는 경우, 이를 다른 행정행위로 인정하는 것
1	**이유제시** 행정청이 처분을 함에 있어 처분의 근거와 이유를 제시하는 것

1	**이유제시의 하자** 처분이유를 전혀 제시하지 않거나(결여 여부) 불충분하게(취지달성 여부) 제시한 경우
1	**의견제출** 행정청이 어떠한 행정작용을 하기에 앞서 당사자 등이 단순하게 의견을 제시하는 절차
1	**청문** 행정청이 어떠한 처분을 하기에 앞서 당사자 등의 의견을 직접 듣고 증거를 조사하는 절차
1	**공청회** 공개적인 토론에 의해 어떠한 행정작용에 대한 의견을 수렴하는 절차(당사자, 전문지식과 경험을 가진 자, 일반행정인)
1	**의견제출절차** 행정청이 행정작용을 하기 전에 당사자 등이 의견을 제시하는 절차로서 청문이나 공청회에 해당하지 아니하는 절차
1	**하자승계** 동일목적의 일련의 행위에서 선행 행정행위의 위법을 이유로 적법한 후행 행정행위의 위법을 주장할 수 있는 것
1	**공법상 계약** 공법적 효과를 발생시키는 계약으로 행정주체를 한쪽 당사자로 하는 계약
1	**행정상 사실행위** 행정목적을 달성하기 위하여 행해지는 물리력의 행사(행정지도, 대집행의 실행 등)
1	**행정지도** 일정한 행정목적을 실현하기 위하여 임의적인 협력을 요청하는 비권력적 사실행위
1	**행정조사** 행정기관의 사인으로부터 행정상 필요한 자료나 정보를 수집하기 위하여 행하는 일체의 행정작용
1	**행정입법** 행정권이 일반적·추상적 규범을 정립하는 작용
1	**법규명령** 행정권이 제정하는 법규
1	**위임명령** 법률 또는 상위명령의 위임에 의해 제정되는 명령(새로운 법규사항을 정할 수 있다)
1	**집행명령** 상위법령의 집행을 위하여 필요한 사항을 법령의 위임 없이 직권으로 발하는 명령(새로운 법규사항을 정할 수 없다)
1	**대통령령(시행령)** 대통령이 제정하는 명령
1	**부령(시행규칙)** 행정각부의 장이 발하는 명령
2	**공정력** 행정행위에 취소사유의 하자가 있다 하더라도 권한있는 기관에 의해 취소되기 전까지 유효하게 통용되는 것
2	**선결문제** 본안판단을 함에 있어서 그 해결이 필수적으로 전제가 되는 문제
2	**구성요건적 효력** 취소사유의 하자가 있는 행정행위가 권한있는 기관에 의해 취소되기 전까지 국가기관을 구속하는 힘
2	**신고** 일정한 사항에 대하여 알려야 하는 의무가 있는 경우 그 것을 알리는 것
2	**자기완결적 신고** 신고의 요건을 갖춘 신고만 하면 신고의무를 이행한 것이 되는 신고
2	**행위요건적 신고** 신고가 수리되어야 신고의 효과가 발생하는 신고
2	**정보제공적 신고** 행정청에게 행정의 대상이 도는 사실에 관한 정보를 제공하는 기능을 갖는 신고
2	**금지해제적 신고** 금지된 행위의 금지를 해제하는 신고
2	**불확정개념** 법률요건에 불확정개념이 있는 경우 해석의 여지가 있는 개념
2	**판단여지** 요건을 이루는 불확정개념의 해석·적용에 있어서 둘 이상의 판단이 모두 적법한 판단으로 인정될 수 있는 영역
2	**수리행위** 신고, 신청 등 타인의 행위를 행정청이 적법한 행위로서 받아들이는 행위
2	**부관** 행정청에 의해 주된 행정행위에 부가된 종된 규율
3	**인허가의제** 하나의 인·허가를 받으면 다른 허가, 인가, 특허, 신고 또는 등록을 받은 것으로 간주하는 것
3	**행정강제** 사람의 신체 또는 재산에 실력을 가함으로써 행정상 필요한 상태를 실현하는 권력적 사실행위
3	**강제집행** 의무자의 신체 또는 재산에 실력을 가하여 그 의무를 이행시키거나 이행한 것과 동일한 상태를 실현시키는 작용
3	**대집행** 대체적 작위의무의 불이행이 있는 경우, 행정청 또는 제3자로 하여금 이를 행하게 하고 그 비용을 징수하는 것
3	**이행강제금** 행정청이 적절한 이행기간을 부여하고, 그 기한까지 행정상 의무를 이행하지 아니하면 금전급부의무를 부과하는 것
3	**직접강제** 행정청이 의무자의 신체나 재산에 실력을 행사하여 그 행정상 의무의 이행이 있었던 것과 같은 상태를 실현하는 것
3	**강제징수** 금전급부의무에 대하여 행정청이 의무자의 재산에 실력을 행사하여 그 의무가 실현된 것과 같은 상태를 실현하는 것
3	**즉시강제** 현재의 급박한 행정상 장해를 제거하기 위해 행정청이 국민의 신체 또는 재산에 실력을 행사하여 목적을 달성하는 것
3	**행정벌** 행정법상의 의무위반행위에 대하여 제재로서 가하는 벌
3	**행정형벌** 형법상 형벌(징역 또는 벌금)을 과하는 행정벌
3	**행정질서벌** 행정법규 위반에 대하여 과태료가 과하여지는 행정벌
3	**양벌규정** 범죄행위자와 함께 행위자 이외의 자를 함께 처벌하는 법규정
3	**과징금** 행정법규 및 의무 위반에 따른 경제적 이익을 박탈하기 위하여 과하는 행정상 제재금

순서	3. 구제수단
0	**행정구제** 행정권의 행사에 의해 침해된 국민의 권익을 구제해 주는 것
0	**행정상 손해전보** 국가작용에 의해 개인에게 가해진 손해의 전보(행정상 손해배상과 행정상 손실보상)

순서	
0	**행정쟁송** 행정법관계의 법적 분쟁을 당사자의 청구에 의하여 심리·판정하는 심판절차 (행정심판 및 행정소송 총칭)
0	**행정심판** 행정기관이 심판하는 행정쟁송절차
0	**행정소송** 법원이 심판하는 행정쟁송절차
0	**주관적 쟁송** 개인의 권리·이익의 구제를 주된 목적으로 하는 쟁송
0	**객관적 쟁송** 행정의 적법·타당성의 통제를 주된 목적으로 하는 쟁송
0	**정식쟁송** 심판기관이 독립된 지위를 갖는 제3자이고 당사자에게 구술변론의 기회가 보장되는 쟁송
0	**시심적 쟁송** 법률관계의 형성 또는 존부의 확인에 관한 행정작용 자체(법률관계)를 다루는 쟁송(당사자소송)
0	**복심적 쟁송** 이미 행하여진 행정작용의 흠을 시정하기 위하여 행하여지는 쟁송절차(항고소송)
0	**국가배상** 행정권의 행사에 의해 발생된 손해에 대한 국가의 배상책임(① 공무원의 과실책임, ② 영조물책임)
0	**행정소송** 행정청의 공권력 행사 및 행정법상의 법률관계에 관한 분쟁에 대하여 법원이 정식의 소송절차를 거쳐 행하는 쟁송절차
0	**항고소송** 행정청의 우월한 일방적인 행정권 행사 또는 불행사에 불복하여 권익구제를 구하는 소송
0	**취소소송** 행정청의 위법한 처분 등을 취소 또는 변경하는 소송
0	**소송물** 소송에서 심판의 대상이 되는 소송상의 청구
0	**무효등확인소송** 행정청의 처분이나 재결의 효력 유무 또는 존재 여부의 확인을 구하는 소송
0	**부작위위법확인소송** 행정청의 부작위가 위법하다는 것을 확인하는 소송
0	**의무이행소송** 행정청의 거부처분 또는 부작위에 대하여 법상의 작위의무의 이행을 청구하는 소송
0	**예방적 부작위청구소송** 공권력 행사에 의해 국민의 권익이 침해될 것이 예상되는 경우, 침익적 처분의 예방을 구하는 소송
0	**소송요건** 본안심리를 하기 위하여 갖추어야 하는 요건
0	**적법한 소송** 소송요건이 충족된 소송
0	**부적법한 소송** 소송요건이 결여된 소송(각하판결)
1	**결과제거청구권** 공행정작용으로 인하여 야기된 위법한 상태를 원래의 상태로 회복시켜 줄 것을 청구하는 것
1	**당사자소송** 공법상 법률관계의 주체가 당사자가 되어 다투는 공법상 법률관계에 관한 소송
1	**형식적 당사자소송** 형식적으로는 당사자소송이지만 실질적으로는 행정청의 처분을 다투는 소송
1	**실질적 당사자소송** 형식적으로나 실질적으로나 공법상 법률관계에 다툼이 대상인 당사자소송
1	**사법적 통제** 사법기관인 법원 및 헌법재판소에 의한 통제
1	**추상적 규범통제** 행정입법의 위헌 또는 위법을 구체적·법적 분쟁을 전제로 하지 않고 공익적 견지에서 직접 다투도록 하는 것
1	**구체적 규범통제** 행정입법의 위헌 또는 위법 여부가 구체적·법적 분쟁에 관한 소송에서 다투어지는 행정입법통제
1	**직접적 통제** 행정입법 자체가 직접 소송의 대상이 되어 위법한 경우 그 효력을 상실시키는 제도(항고소송)
1	**간접적 통제** 구체적인 사건에 관한 재판에서 해당 행정입법의 위법 여부를 판단하는 제도(부수적 통제라고도 한다)
1	**권리구제형 헌법소원** 공권력의 행사 또는 불행사로 인하여 기본권을 침해받는 자가 헌법재판소에 청구하는 심판제도
3	**민중소송** 국가 및 공공단체의 기관이 법률에 반하는 행위를 한 때에 직접 자기의 법률상 이익과 관계없이 그 시정을 구하는 소송
3	**기관소송** 국가 및 공공단체의 기관 상호간에 권한의 존부 또는 그 행사에 관한 다툼이 있을 때에 이에 대하여 제기하는 소송

순서	4. 소송요건
0	**부작위** 당사자의 신청에 대하여 상당한 기간 내에 일정한 처분을 하여야 할 의무가 있음에도 불구하고 이를 하지 아니하는 것
0	**처분등** 행정청이 행하는 구체적 사실에 관한 법집행으로서의 공권력의 행사 또는 그 거부, 이에 준하는 작용 및 행정심판 재결
0	**상당한 기간** 사회통념상 행정청이 해당 신청에 대한 처분을 하는 데 필요한 합리적인 기간
0	**행정청의 처분 등을 원인으로 하는 법률관계** 행정청의 처분 등에 의하여 발생·변경·소멸된 공법상의 법률관계
0	**그 밖에 공법상의 법률관계** 처분 등을 원인으로 하지 않는 공법이 규율하는 법률관계
0	**원고적격** 구체적인 소송에서 원고로서 소송을 수행하여 본안판결을 받을 수 있는 자격
0	**당사자능력** 소송의 주체가 될 수 있는 일반적인 능력
0	**경업자소송** 경쟁관계에 있는 영업자에 대한 처분 또는 부작위를 경쟁관계에 있는 다른 영업자가 다투는 소송
0	**경원자소송** 수인의 신청에 대해서 일부에 대해서만 허가 등 수익적 처분을 할 수 있는 경우에 이를 받지 못한 자가 제기하는 소송

순서	
0	**협의의 소익** 원고가 소송상 청구에 대하여 본안판결을 구하는 것을 정당화시킬 수 있는 현실적 이익 내지 필요성
0	**처분 등을 행한 행정청** 그의 이름으로 처분을 한 행정기관(처분권한이 있는지 여부는 본안문제임)
0	**제소기간** 소송을 제기할 수 있는 시간적 기간
0	**처분이 있음을 안 날** 당사자가 통지·공고 기타의 방법에 의하여 해당 처분이 있었다는 사실을 현실적으로 안 날
0	**불변기간** 법정기간으로서 변경할 수 없는 기간
0	**처분이 있은 날** 처분이 통지에 의해 외부에 표시되어 효력이 발생한 날
0	**집행부정지원칙** 취소소송의 제기가 처분 등의 효력이나 그 집행 또는 절차의 속행에 영향을 주지 아니하는 것
1	**확인의 이익** 확인소송이 가장 유효적절한 수단으로 인정되는 경우에만 확인소송을 제기할 수 있다는 것
2	**원처분주의** 원처분을 소의 대상으로 함이 원칙이나 재결고유의 하자가 있는 경우에는 재결을 소의 대상으로 함
2	**재결주의** 행정심판의 재결에 대하여 재결을 대상으로 취소소송을 제기하도록 하는 제도

순서	5. 본안(위법)
0	**요건심리** 제기된 소가 소송요건을 갖춘 것인지의 여부를 심리하는 것
0	**본안심리** 소송요건을 갖춘 경우, 청구의 이유 유무에 대하여 실체적 심사를 행하는 것
0	**불고불리의 원칙** 당사자가 신청한 사항에 대하여 신청의 범위 내에서 심리·판단하여야 한다는 원칙
0	**처분사유** 처분의 적법성을 유지하기 위하여 처분청에 의해 주장되는 처분의 사실적·법적 근거
0	**주장책임** 당사자에게 유리하게 적용될 수 있는 사항은 당사자에게 주장책임이 있다는 것
0	**입증책임** 소송상 증명을 요하는 경우 이를 주장하는 자에게 입증책임이 있다는 것
0	**입증책임의 분배** 어떤 사실의 존부가 확정되지 않은 경우에 당사자 중 누구에게 불이익을 돌릴 것인가의 문제
1	**직권심리주의** 소송자료의 수집을 법원이 직권으로 할 수 있는 소송심리원칙
3	**관련청구소송의 병합** 취소소송 또는 무효등확인소송에 해당 취소소송 등과 관련이 있는 청구소송을 병합하는 것
3	**제3자의 소송참가** 소송의 결과에 의하여 권리 또는 이익의 침해를 받을 제3자가 소송에 참가하는 것
3	**행정청의 소송참가** 관계 행정청이 행정소송에 참가하는 것

순서	6. 판결
0	**판결** 구체적인 법률상 쟁송을 해결하기 위하여 법원이 소송절차를 거쳐 내리는 결정
0	**소송판결** 소송요건 또는 상소요건의 흠결이 있는 경우에 소송이 부적법하다 하여 각하하는 판결
0	**본안판결** 본안심리의 결과, 청구의 전부 또는 일부를 인용하거나 기각하는 판결
0	**기각판결** 본안심리의 결과, 원고의 주장이 이유 없다고 하여 그 청구를 배척하는 판결
0	**인용판결** 본안심리의 결과, 원고의 주장이 이유 있다고 하여 그 청구의 전부 또는 일부를 인용하는 판결
0	**형성판결** 일정한 법률관계를 형성·변경 또는 소멸시키는 것을 내용으로 하는 판결
0	**확인판결** 확인의 소에서 일정한 법률관계나 법률사실의 존부를 확인하는 판결
0	**이행판결** 피고에 대하여 일정한 행위를 명하는 판결
0	**처분시설** 처분의 위법 여부의 판단을 처분 시의 사실 및 법률상태를 기준으로 판단하는 견해
0	**판결시설** 처분의 위법 여부의 판단을 판결 시의 사실 및 법률상태를 기준으로 판단하는 견해
0	**형성력** 계쟁처분 또는 재결의 취소판결에 따라 해당 처분 또는 재결의 효력이 상실되는 것
0	**기속력** 행정청에 대하여 판결의 취지에 따라 행동하도록 당사자인 행정청과 그 밖의 관계 행정청을 구속하는 힘
0	**반복금지효** 판결의 취지에 반하는 행위(동일한 과오를 반복하는 행위)를 금지하는 효력
0	**재처분의무** 거부를 취소하건 부작위를 확인하는 판결인 경우 신청에 대한 처분을 부과하는 효력
1	**사정판결** 원고의 청구가 이유 있다고 인정하는 경우(처분이 위법한 경우)에도 공공복리를 위하여 원고의 청구를 기각하는 판결
1	**기판력** 판결이 확정 된 후, 동일소송물에 대한 제소가 금지되고 후소법원도 전소에 모순되는 판단을 하지 못하는 효력
1	**헌법소원의 보충성** 권리구제형 헌법소원은 구제수단이 없거나 다른 구제절차를 모두 거친 경우에 제기할 수 있다는 것
3	**대세효** 취소판결의 취소의 효력(형성효 및 소급효)은 소송에 관여하지 않은 제3자에게도 미치는 것

1　개별법 개념 암기표

개별법 암기 개념

"공용수용/사용/제한 및 공용환지/공용환권"		손실보상(총론)	손실보상 일반법리	손실보상(각론)	부동산공시법	감정평가법
공용부담	대행	손실보상	사업시행자 보상원칙	공법상 제한	부동산가격공시제도	감정평가사
물적 공용부담	대집행	완전보상설	현금보상원칙	일반적 제한	공시지가제도	토지등
공용수용	인도	상당보상설	채권보상	개별적 제한	공시지가제도	자격등록
공공적 사용수용	이의신청	개발이익	대토보상	현황평가	표준지공시지가	갱신등록
부대사업	보상금증감청구소송	개발이익 배제	개인별 보상원칙	일시적 이용상황	적정가격	감정평가사 징계
공용수용의 당사자	환매권	개발이익의 범위	일괄보상	무허가건축물 등의 부지	이의신청	감정평가법인등
공용수용의 주체	공익사업의 변환	존속보장	지역요인 비교	불법형질변경토지	개별공시지가	감정평가업
피수용자		가치보장	개별요인 비교	미지급용지	검증	감정평가권
토지소유자		분리이론	주관적/객관적 가치	사도법상 사도	정정제도	손해배상책임
관계인	공용사용	경계이론	주거대책	사실상 사도	토지가격비준표	과징금
수용목적물	공용제한	위헌무효설	이주대책	건축물	부동산가격공시위원회	
확장수용	계획제한	직접효력설	생계대책	무허가건축물 등의 부지	표준주택	
잔여지수용	사업제한	유추적용설	정신적 손해	공작물	표준주택가격	
완전수용	보전제한	입법부작위위헌설		묘목	개별주택가격	
이전수용	공물제한	공용침해		입목	공동주택가격	
지대수용		특별한 희생		농작물	비주거용 부동산가격	
공익사업의 준비		형식설		보상협의회	비주거용 표준부동산가격	
장해물의 제거	공용환지	실질설			비주거용 개별부동산가격	
사업인정	공용환권	수용유사침해이론			비주거용 집합부동산가격	
협의		희생보상청구제도				
협의성립확인						
재결						
재결신청 청구						
화해						
재결의 실효						
수용의 개시일						
공탁						

2 개별법 개념노트 : 0~3 우선 순위

개별법 기본개념	
순서	**1. 공용수용**
0	**공용부담** 공익사업을 통한 공공복리를 증진하기 위해 개인에게 과하여지는 경제적 부담
0	**물적 공용부담** 공공복리 증진을 위하여 재산권에 가해지는 일정한 제한, 수용 또는 교환의 제약
0	**공용수용** 공익사업의 주체가 타인의 토지 등을 강제적으로 취득하고 그로 인한 손실을 보상하는 물적 공용부담
0	**공용수용의 당사자** 공용수용의 주체인 수용권자와 수용권의 객체인 피수용자
0	**공용수용의 주체** 토지 등에 대하여 수용권을 가지는 자
0	**피수용자** 수용의 목적물인 재산권의 주체
0	**토지소유자** 공익사업에 필요한 토지, 즉 수용 또는 사용하려고 하는 토지에 대한 소유권을 지닌 자
0	**관계인** 취득하거나 사용할 토지에 관하여 소유권 외의 권리를 가진 자나 그 토지에 있는 물건에 관한 권리자
0	**수용목적물** 공용수용의 객체로서 수용의 대상이 되는 토지 및 물건 등
0	**공익사업의 준비** 타인이 점유하는 토지에 출입하여 조사·측량을 하거나 장해물을 제거하는 등의 일련의 행위
0	**장해물의 제거** 장해물을 제거하고 토지를 시굴하는 등의 행위
0	**사업인정** 사업시행자에게 일정한 절차를 거쳐 그 사업에 필요한 토지를 수용 또는 사용하는 권리를 설정해 주는 행위
0	**협의** 수용대상 토지를 취득하기 위하여 사업시행자가 토지소유자 및 관계인과 합의하는 절차
0	**재결** 사업시행자로 하여금 토지 또는 토지의 사용권을 취득하도록 하고 이에 대한 손실보상액을 정하는 결정
0	**재결의 실효** 사업시행자가 수용개실일까지 보상금을 지급 또는 공탁하지 않아서 재결의 효력이 소멸되는 것
0	**수용의 개시일** 토지수용위원회가 재결로 정한 수용의 효과가 발생하는 날(원시취득)
0	**이의신청** 중앙토지수용위원회에 수용(사용)재결의 처분의 취소·변경을 구하는 쟁송(특별법상 행정심판)
0	**보증금증감청구소송** 토지수용위원회의 보상재결에 대하여 보상금의 증감을 구하는 소송
0	**환매권** 협의취득 또는 수용된 토지가 더이상 필요없게 되거나 일정기간 이용되지 않은 경우 소유권을 회복시켜 주는 것
0	**공익사업의 변환** 취득된 토지가 다른 공익사업에 필요하게 된 경우 환매권 행사를 제한하는 것
1	**확장수용** 특정한 공익사업을 위하여 필요한 범위를 넘어서 수용이 허용되는 것
1	**잔여지수용** 동일소유자의 일단의 토지 일부가 편입되어 잔여토지를 종래목적대로 이용하지 못하는 경우 수용하는 것
1	**완전수용** 사용하는 토지의 사용기간이 3년 이상이거나, 형질변경이 되거나 건축물이 있는 경우에 수용하는 것
1	**이전수용** 지장물이 성질상 이전이 불가능하거나, 이전비가 그 정착물의 가격을 초과하는 경우에 수용하는 것
1	**협의성립확인** 협의가 성립한 경우 토지소유자 및 관계인의 동의를 얻어 관할 토지수용위원회의 확인받는 것
1	**재결신청청구권** 사업인정 후 협의 불성립시 토지소유자 등이 사업시행자에게 재결신청을 촉구할 수 있는 권리
1	**공탁** 재결에서 정한 보상금을 지급하지 못하는 사유가 있는 경우에 공탁함으로써 보상금 지급에 갈음하는 것
1	**대행** 고의·과실없이 인도·이전의무를 수행할 수 없거나 과실없이 의무자를 알 수 없을 때 시·군·구청장이 대행하는 것
1	**대집행** 행정청이 대체적 작위의무를 스스로 또는 제3자로 하여금 행하게 하고 그 비용을 의무자로부터 징수하는 것
1	**인도** 물건의 점유를 타인에게 이전하는 것(존치물건을 반출하고 사람을 퇴거하는 명도 개념 포함)
2	**공공적 사용수용** 사적주체에게 수용권을 부여하는 것(가스, 전기 등 생존배려사업)
2	**부대사업** 사업시행자가 민간투자사업과 연계하여 시행하는 주택건설사업 및 택지개발사업
2	**지대수용** 공익사업에 직접 필요한 토지 이외에 인접한 부근일대를 수용하는 것
2	**화해** 토지수용위원회가 재결 전에 수용당사자의 주장을 서로 양보하여 분쟁을 원만하게 해결하고자 하는 행위
3	**공용사용** 공공필요를 위하여 특정인의 토지 등 재산을 강제로 사용하는 것

3	**공용제한** 공공필요를 위하여 재산권에 대하여 가해지는 공법상의 제한
3	**계획제한** 행정계획이 수립되어 해당 행정계획에 배치되는 재산권 행사가 제한되는 것
3	**사업제한** 공익사업을 원활히 수행하기 위하여 사업지, 사업인접지 내의 재산권에 가해지는 제한
3	**보전제한** 환경, 문화유산, 자원, 농지 등의 보전을 위하여 재산권에 가해지는 제한
3	**공물제한** 사적소유 물건에 공물이 설정된 경우에 공물의 목적달성에 필요한 한도 내에서 해당 물건에 가해지는 제한
3	**공용환지** 토지의 소유권 및 기타의 권리를 권리자의 의사와 관계없이 강제적으로 교환·분합하는 것(토지배분)
3	**공용환권** 토지·건축물의 소유권 및 기타 권리자의 의사와 관계없이 강제적으로 교환·분합하는 것(토지건물배준)

순서	2. 손실보상
0	**손실보상** 적법한 공권력 행사에 의하여 가하여진 특별한 손해를 공적부담 앞의 평등의 원칙에 근거하여 보상하는 것
0	**존속보장** 재산권자가 재산권을 보유하고 향유(사용, 수익, 처분)하는 것을 보장하는 것
0	**가치보장** 공공필요에 의해 재산권에 대한 공권적 침해가 행해지는 경우에 재산권의 가치를 보장해 주는 것
0	**분리이론** 입법자의 의사에 따라 사회적 제약과 특별한 희생을 구분하는 이론
0	**경계이론** 공공필요에 의한 재산권의 제한과 그에 대한 구제를 손실보상의 문제로 보는 견해
0	**적법한 공용침해** 공공필요에 의하여 법률에 근거하여 가해진 침해
0	**특별한 희생** 공용침해로 인해 특정인에게 발생된 수인한도를 넘어서는 희생
0	**사회적 제약** 공공질서를 위해 재산권에 내제된 제한으로 손실보상의 대상이 되지 않는 것
0	**완전보상설** 공용침해로 인하여 발생한 객관적 손실 전부를 보상하는 것이 정당보상이라는 견해
0	**상당보상설** 사회통념에 비추어 객관적으로 타당하다고 여겨지는 보상을 정당보상으로 보는 견해
0	**개발이익** 토지소유자의 노력과 관계없이 지가가 상승하여 현저하게 받은 이익(정상지가상승분을 초과하는 부분)
0	**개발이익 배제** 해당 공익사업으로 인하여 토지 등의 가격이 변동되었을 때에는 이를 고려하지 않는 것
0	**주관적 가치** 개인의 주관적 판단에 따라 재화의 효용을 측정한 가치

0	**공법상 제한** 공익목적을 위하여 재산권에 대해 가해지는 토지 등 재산권의 사용·수익·처분에 대한 제한
0	**주거대책** 피수용자가 종전과 같은 주거를 획득하는 것을 보장하는 보상(이주정착지 조성, 이주정착금, 주거이전비 등)
0	**이주대책** 수용 전과 같은 생활상태를 유지할 수 있도록 다른 지역으로 이주시키는 것
0	**생활대책** 종전과 같은 경제수준을 유지할 수 있도록 하는 조치(이어이농비, 상업용지 및 농업용지 공급, 직업훈련 등)
0	**개인별 보상원칙** 손실보상은 토지소유자나 관계인에게 개인별로 하여야 한다는 원칙
0	**일괄보상** 동일한 사업지역에 보상시기를 달리하는 동일인 소유의 토지 등이 여러 개 있는 경우 한꺼번에 보상하는 것
1	**일반적인 이용방법** 토지가 속한 지역에서 인근 토지를 이용하는 사람들의 평균적인 이용방법
1	**일반적 제한** 제한 그 자체로 목적이 완성되고 구체적 사업의 시행을 필요로 하지 않는 경우
1	**개별적 제한** 제한이 구체적 사업의 시행을 필요로 하는 경우
1	**현황평가** 취득하는 토지에 관한 평가는 가격시점에서의 현실적인 이용상황을 기준으로 하여야 한다는 것
1	**일시적 이용상황** 본래의 용도 외의 다른 용도로 이용되고 있거나 현재의 이용방법이 임시적인 것
1	**무허가건축물 등의 부지** 허가를 받지 아니하거나 신고를 하지 아니하고 건축 또는 용도변경을 한 건축물의 부지
1	**형질변경** 절토·성토 또는 정지 등으로 토지의 형상을 변경하는 행위와 공유수면의 매립
1	**확장수용** 공익사업에 필요한 토지 이외의 토지를 수용하는 것
1	**종래목적** 취득 당시에 해당 잔여지가 현실적으로 사용되고 있는 구체적인 용도
1	**사용하는 것이 현저히 곤란한 때** 물리적·사회적·경제적으로 사용하는 것이 곤란한 경우(많은 비용 소요되는 경우 포함)
1	**불법형질변경토지** 관계법령에 의한 허가나 승인을 받지 아니하고 형질변경한 토지
1	**미지급용지** 종전에 시행된 공익사업의 부지로서 보상금이 지급되지 아니한 토지
1	**사도법상 사도** 사도개설의 허가를 얻은 도로
1	**사실상 사도** 자기 토지의 이익증진을 위하여 스스로 개설한 도로 및 타행통행을 제한할 수 없는 도로
2	**현금보상원칙** 손실보상은 현금으로 보상해야 한다는 것(유동성 확보)
2	**채권보상** 현금보상의 원칙에 대한 예외로서 채권으로 하는 손실보상

순서	
2	대토보상 조성된 토지로 보상을 대신하는 것
2	공작물 토지에 정착한 인위적인 힘이 가해진 구조물로서 건축물로 볼 수 없는 것
2	묘목 모종으로 옮겨심기 위해 가꾼 어린 나무
2	입목 땅 위에 서 있는 산 나무
2	농작물 농업생산에 의한 작물로서 벼, 보리, 배추, 무 등과 같은 1년생 작물 및 도라지, 작약, 인삼 등 다년생 작물
2	농작물보상 농작물을 수확하기 전에 농경지를 수용 또는 사용함으로써 발생하는 손실을 보상하는 것
2	지하공간 지표면을 경계로 하는 지표면 아래의 지중을 말하며, 그 깊이에 따라 천심도, 중심도, 대심도로 구분
2	보상협의회 보상업무에 관한 사항을 협의하기 위하여 시·군·구에 설치하는 합의제 행정기관
3	수용유사침해이론 위법한 침해에 의한 특별한 희생을 수용에 의한 침해로 보아 손실보상을 해주어야 한다는 이론
3	수용적 침해 비의도적 침해로 인한 특별한 희생을 수용에 의한 침해로 보아 손실보상을 해주어야 한다는 이론
3	희생보상청구제도 비재산적 법익이 침해되어 발생한 손실에 대해 보상하는 제도
3	정신적 손해 피해자가 느끼는 고통, 불쾌감 등 정신상태에 발생한 불이익

순서	3. 부동산공시법
0	부동산가격공시제도 공시지가제도, 주택가격공시제도 및 비주거용 부동산공시제도
0	공시지가 국가에 의해 공시된 토지의 가격(통상 공시지가라 하면 표준지공시지가를 말한다)
0	표준지공시지가 국토교통부장관이 조사·평가하여 공시한 표준지의 단위면적당 가격
0	적정가격 통상적인 시장에서 정상적인 거래가 이루어지는 경우 성립될 가능성이 가장 높다고 인정되는 가격
0	이의신청 위법·부당한 공시지가에 대하여 처분청에게 이에 대한 재심사를 요청하는 절차
0	개별공시지가 개발부담금 및 행정목적을 위한 지가산정의 기준이 되는 개별토지의 단위면적당 가격
0	검증 산정된 개별공시지가의 타당성을 감정평가법인등이 검토하는 것
0	정정 개별공시지가에 틀린 계산, 오기, 표준지의 선정착오 등 명백한 오류가 있는 경우에 이를 직권으로 정정하는 제도
0	토지가격비준표 표준지와 지가산정대상토지의 지가산정요인에 관한 표준적인 비교표

순서	
1	부동산가격공시위원회 가격공시에 관한 사항 등을 심의하는 필수기관(중앙 및 시·군·구부동산가격공시위원회)
2	표준주택가격 국토교통부장관이 조사·산정하여 공시한 표준주택의 매년 공시기준일 현재의 적정가격
2	개별주택가격 공시기준일 현재 관할구역 안의 개별주택의 가격
2	공동주택가격 공동주택에 대한 공시기준일 현재의 적정가격
3	비주거용 표준부동산가격 비주거용 표준부동산에 대한 공시기준일 현재의 적정가격
3	비주거용 개별부동산가격 공시기준일 현재 관할구역 안의 비주거용 개별부동산의 가격
3	비주거용 집합부동산가격 비주거용 집합부동산에 대한 공시기준일 현재의 적정가격

순서	4. 감정평가법
0	감정평가 토지 등의 경제적 가치를 판정하여 그 결과를 가액으로 나타내는 것
0	감정평가업 타인의 의뢰에 따라 일정한 보수를 받고 토지 등의 감정평가를 업으로 행하는 것
0	토지등 토지 및 그 정착물, 동산 그 밖에 대통령령이 정하는 재산과 이들에 관한 소유권 외의 권리
0	자격등록 감정평가사 자격이 있는 자가 감정평가업무를 하려는 경우에 국토교통부장관에게 등록하는 것
0	갱신등록 자격등록을 한 후, 종전 등록의 효과를 유지하기 위하여 5년에 한 번씩 등록을 갱신하는 것
0	감정평가사에 대한 징계 감정평가사에 대해 감정평가징계위원회의 의결을 거쳐 가해지는 징계
0	감정평가법인등 감정평가사사무소를 개설한 감정평가사와 설립인가를 받은 감정평가법인
0	감정평가업 타인의 의뢰에 의하여 일정한 보수를 받고 토지 등의 감정평가를 업으로 행하는 것
0	법적 지위 법률관계에서 주체 또는 객체로서 갖는 권리와 의무
0	감정평가권 토지 등의 경제적 가치를 감정평가할 수 있는 권한
1	과징금 행정법상 의무위반 행위로 얻은 경제적 이익을 박탈하기 위한 금전상 제재금
1	감정평가법상 과징금 계속적인 공적업무수행을 위하여 업무정지처분에 갈음하여 부과되는 것(변형된 과징금)
1	손해배상책임 법인 등이 고의 또는 과실로 감정평가 당시의 적정가격과 현저한 차이가 있게 감정평가하거나, 감정평가서류에 거짓의 기재를 함으로써 발생된 의뢰인이나 선의의 제3자의 손해를 배상하는 것

박문각 감정평가사

도승하 감정평가 및 보상법규
2차 | 서브노트 및 개념노트

제1판 인쇄 2026. 1. 15. | **제1판 발행** 2026. 1. 20. | **편저자** 도승하

발행인 박 용 | **발행처** (주)박문각출판 | **등록** 2015년 4월 29일 제2019-0000137호

주소 06654 서울시 서초구 효령로 283 서경 B/D 4층 | **팩스** (02)584-2927

전화 교재 문의 (02)6466-7202

저자와의
협의하에
인지생략

정가 14,000원
ISBN 979-11-7519-604-9